청담동 정 선생의 건강한 한 끼
청담동 단골 샐러드

청담동 단골 샐러드

1판 6쇄 발행 2024년 9월 1일

지은이 정미경
펴낸이 김선숙, 이돈희
펴낸곳 그리고책(주식회사 이밥차)

주소 서울시 서대문구 연희로 192(연희동 76-22, 이밥차 빌딩)
대표전화 02-717-5486~7
팩스 02-717-5427
홈페이지 www.2bc.co.kr
출판등록 2003.4.4. 제10-2621호

본부장 이정순
편집 책임 박은식
편집 진행 하경현, 홍상현, 권새미
영업 이교준
마케팅 장지선, 박성채
경영지원 문석현

포토 디렉터 심윤석
푸드 스타일링 정소진
포토 어시스트 이해리
스타일링 어시스트 구교림
요리 어시스트 정재엽, 양승은
교열 김혜정
디자인 공간42 이용석

ⓒ2020 정미경
ISBN 979-11-967720-1-7 13590

All rights reserved. First edition printed 2019. Printed in Korea.
· 이 책을 무단 복사, 복제, 전재하는 것은 저작권법에 저촉됩니다.
· 값은 뒤표지에 있습니다. 잘못 만들어진 책은 바꾸어 드립니다.
· 책 내용 중 궁금한 사항이 있으시면 그리고책(Tel 02-717-5486, 이메일 tiz@2bc.co.kr)으로 문의해 주십시오.

청담동 정 선생의 **건강한 한 끼**

청담동 단골 샐러드

글·요리 **정미경**

그리고책
andbooks

prologue

드디어 이렇게 샐러드 책이 나오게 되었습니다. 제가 워낙 샐러드를 좋아하는 탓일까요? 언젠가는 꼭 샐러드 책을 하나 내고 싶었거든요. 새로운 요리책 작업을 할 때마다 책에 넣을 메뉴 리스트를 만들면서 저도 모르게 자꾸만 샐러드 요리를 더 넣고 싶은 충동이 생기곤 했습니다. 그럴 때마다 늘 그 마음을 눌러야만 했었죠. 그러면서 스스로 이렇게 위로를 했습니다. "아니야. 이렇게 조금씩이 아니라 샐러드만 아예 따로 한 권으로 묶어서 내자. 그동안 만들어 둔 레시피가 얼마인데… 그걸 잘 정리해서 제대로 된 책 한 권으로 만들어야지."

그 후 샐러드 책 작업을 시작했고 작업을 하는 동안 너무 기뻤습니다. 레시피 정리를 하거나 촬영을 하면서도요. 아무래도 샐러드 요리라 그동안 해오던 일반 요리책 작업과는 많이 달랐으니까요. 새로운 작업이라 더 신이 나기도 했고, 촬영장에서 며칠 동안 하루종일 서서 작업 하면서도 한쪽 옆에 풍성하게 쌓여있는 싱싱하고 화려한 색깔의 채소와 허브를 보는 것만으로 또 재료들을 씻고 썰고 조리하면서 너무나 즐겁고 행복했습니다. 제가 만든 샐러드가 그릇에 예쁘게 담겨 여러 개의 조명 아래에서 멋진 사진으로 찍히면, 그게 또 너무 좋아서 저절로 손뼉이 쳐졌어요. 촬영을 마친 샐러드를 곁에서 도와준 분들과 함께 나눠 먹으며 옆에서 터져 나오는 맛있다는 감탄사와 표정을 보면서 그 또한 너무나 행복했답니다.

이제, 제가 30년이 넘는 시간 동안 요리를 하면서 틈틈이 만들고 다듬은 샐러드 레시피를 즐거운 마음으로 여러분께 소개합니다. 제 요리가 대부분 그렇듯 책에 소개된 샐러드는 주변에서 쉽게 구할 수 있는 재료로 짧은 시간 안에 손쉽게 만들 수 있는 것들입니다. 그야말로 재료만 준비되면 뚝딱뚝딱 만들 수 있는 샐러드들이죠. 오랜 시간에 걸쳐 다듬어진 레시피라 그대로만 따라 하면 맛있는 샐러드가 완성될 것입니다. 많은 요리 중에서도 샐러드만큼 식탁을 산뜻하고 풍요롭게 또 화사하게 만들어줄 수 있는 요리가 있을까요? 샐러드는 때로 그 자체가 메인요리가 되기도 하고, 간단한 식사 혹은 간식이나 안주로도 제격이니 말이죠.

요즘은 우리 주변에서 다양한 식자재를 구할 수 있게 되면서 만들 수 있는 샐러드의 세계도 점점 더 확장되어 가는 듯합니다. 이러한 흐름처럼 책은 다양한 역할과 필요에 따라 재료를 선택해서 사용할 수 있도록 구분하여 구성했습니다. 보기만 하는 책이 아닌 직접 만들어 보게 하는 책이 되길 바라는 마음으로 실용성에 바탕을 두었어요.

이제 곧 나올 책 앞머리에 들어갈 글을 쓰며 오랜만에 설레는 마음을 가져봅니다. 저처럼 샐러드를 사랑하는 많은 분들에게 도움을 줄 수 있는 책이 되기를 바라면서 말이죠. 책을 새로 낼 때마다 그랬듯 많은 분들이 따듯하게 제 마음에 스칩니다.

언제나 깊은 신뢰로 든든한 힘이 되어주는 김선숙 대표님, 말하지 않아도 이미 다 알고, 내 맘에 꼭 들게 세련되고 우아한 스타일링을 해준 내 소중한 친구 정소진 실장님, 오랜만에 전화해 말도 채 다 꺼내기도 전인데 저와의 작업이라면 어떤 조건이라도 무조건 함께 하겠다며 정말 멋진 사진을 찍어준 심윤석 실장님. 책 진행을 맡아 꼼꼼하게 챙겨준 경현 씨, 촬영장에서 함께 고생해준 승은 팀장과 해리 씨, 요리작업을 도와준 재염팀장과 제자 교림, 그리고 늘 옆에서 내 맘처럼 함께해주는 사랑하는 은주에게도 깊은 감사의 인사를 전합니다. 감사하게도 이번 촬영은 다시 또 이런 구성으로 이런 작업을 하고 싶은 좋은 분들과의 너무나 행복한 촬영이었습니다.

끝으로 제 존재의 이유와 살아가는 힘이 되어주는 사랑하는 나의 가족들에게 진심으로 깊은 감사와 사랑을 전합니다.

2019년 가을을 맞으며, 요리연구가 정미경

PART 01 든든한 끼 샐러드

프롤로그 · 4
맛있는 샐러드를 만드는 방법 · 10
밥숟가락으로 계량하기 · 12

비트모차렐라샐러드 · 16
아보카도카프레제샐러드 · 18
연어회무침샐러드 · 20
냉우동샐러드 · 22
순두부샐러드 · 24
타코샐러드 · 26
토마토살사 · 28
구아카몰 · 29
떡국떡샐러드 · 30
파스타샐러드 · 32
콥샐러드 · 34

튀긴두부분짜샐러드 · 36
프라이드포테이토샐러드 · 38
구운당근렌틸콩샐러드 · 40
골뱅이실곤약샐러드 · 42
콩나물당면샐러드 · 44
새우월남쌈샐러드 · 46
타이풍새우쌀국수샐러드 · 48
판자넬라샐러드 · 50
새우푸실리샐러드 · 52
불고기샐러드 · 54
병아리콩퀴노아샐러드 · 56

contents

PART 02 스페셜 샐러드

구운주키니호박샐러드 · 60
구운단호박샐러드 · 62
찜채소샐러드 · 64
구운알감자샐러드 · 66
아보카도닭고기샐러드 · 68
차돌박이구이샐러드 · 70
매운닭고기스테이크샐러드 · 72
구운아보카도샐러드 · 74
쇠고기스테이크샐러드 · 76
삼겹살샤브샤브샐러드 · 78
목살데리야키샐러드 · 80

닭고기셀러리샐러드 · 82
연어스테이크샐러드 · 84
참치타다키샐러드 · 86
모둠오븐구이샐러드 · 88
구운콜리플라워샐러드 · 90
오렌지치킨샐러드 · 92
감바스알아히요샐러드 · 94
훈제연어샐러드 · 96
구운가지샐러드 · 98
새우아스파라거스샐러드 · 100
크리스마스리스샐러드 · 102

PART 03 초간단 샐러드

- 오이게살샐러드 · **106**
- 코울슬로샐러드 · **108**
- 올리브샐러드 · **110**
- 아보카도오이샐러드 · **112**
- 시저샐러드 · **114**
- 베이컨에그샐러드 · **116**
- 알감자시금치샐러드 · **118**
- 햄마카로니샐러드 · **120**
- 아보카도새우컵샐러드 · **122**
- 브로콜리치즈샐러드 · **124**
- 흰강낭콩베이컨샐러드 · **126**
- 캔참치오이샐러드 · **128**
- 단호박시금치샐러드 · **130**
- 콘샐러드 · **132**
- 아스파라거스토마토샐러드 · **134**
- 베이비루꼴라토마토샐러드 · **136**
- 멕시칸스트리트콘샐러드 · **138**
- 케일샐러드 · **140**
- 아이스버그웨지샐러드 · **142**
- 모둠버섯샐러드 · **144**
- 참치회샐러드 · **146**
- 4색무샐러드 · **148**

PART 04 밥반찬 샐러드

- 매콤무생채 · **152**
- 영양부추사과샐러드 · **154**
- 돌미나리무침 · **156**
- 참나물양파샐러드 · **158**
- 오이부추겉절이 · **160**
- 배추부추겉절이 · **162**
- 애호박샐러드 · **164**
- 더덕샐러드 · **166**
- 우엉샐러드 · **168**
- 연근샐러드 · **170**

contents

뱅어포땅콩샐러드 · **172**
오이양파샐러드 · **174**
방울토마토겉절이 · **176**
두부파채샐러드 · **178**
낫또샐러드 · **180**
할라피뇨무생채 · **182**

쇠고기육회샐러드 · **184**
중화풍가지샐러드 · **186**
삼겹살구이샐러드 · **188**
배추샐러드 · **190**
명란감자샐러드 · **192**

PART 05 과일샐러드

방울토마토샐러드 · **196**
파인애플오이샐러드 · **198**
선샤인샐러드 · **200**
배망고샐러드 · **202**
아보카도망고보트샐러드 · **204**
스트로베리스피니치샐러드 · **206**

월도프샐러드 · **208**
피넛바나나샐러드 · **210**
모둠과일샐러드 · **212**
시트러스페타치즈샐러드 · **214**
수박배샐러드 · **216**
동남아풍망고샐러드 · **218**

인덱스 · **220**

맛있는 샐러드를 만드는 방법

샐러드라고 그저 재료를 썰고 소스만 뿌리면 된다고 생각하면 오산이죠. 더 싱싱하고 재료 본연의 맛을 보려면 샐러드 만드는 방법에도 세심한 주의가 필요해요. 요리 초보자라도 쉽게 따라 할 수 있는 재료 손질법과 조리 꿀팁을 알려드릴게요.

1. 채소는 자른 뒤 씻지 않아요.

채소들은 자르기 전 깨끗이 씻고 자른 뒤에는 그대로 접시로 갈 수 있게 해줘요. 양파의 매운맛을 제거하거나 다른 목적이 있는 경우를 제외하고 특히 잎채소의 경우는 자른 뒤 그대로 사용해야 수용성 영양소의 용출과 맛 성분의 용출을 줄일 수 있어요.

2. 연한 잎채소는 자르기보다는 찢어서 사용해요.

예를 들어 양상추의 경우 손으로 찢으면 세포막을 기준으로 분리가 되지만, 칼로 자르는 경우 세포가 잘리게 되면서 내부의 수분 용출이 훨씬 더 쉬워지게 돼요. 그래서 손으로 찢은 채소가 칼로 자른 채소보다 수분이 덜 생기게 되지요.

3. 준비한 채소는 찬물에 20~30분간 담가두어 싱싱한 상태로 사용해요.

아무리 신선한 채소라도 시간이 지나면 수분이 빠져나가 신선함이 떨어질 수밖에 없죠. 이 채소들을 밭에서 막 딴 것처럼 싱싱한 상태로 되돌리려면 다시 찬물에 담가 빠져나간 수분을 보충해주어야 해요. 혹시 있을지 모르는 첨가물도 물에 담가두는 동안 물 속으로 녹아나오게 돼요. 담가둔 채소는 다시 두세 번 흔들어가며 씻어 사용해요.

4. 접시에 담기 전 반드시 채소의 물기를 제거해주세요.

채소에 물기가 있는 상태로 샐러드를 만들 경우 오일이 들어간 드레싱은 채소에 제대로 묻지 못해 겉돌고, 오일 없는 드레싱도 묽어져 맛이 없어져요. 손으로 작동하는 탈수기를 사용하거나 키친타월, 혹은 면포를 이용해 채소 겉면의 물기를 반드시 제거한 후 사용하세요.

5. 데쳐 사용하는 채소는 반드시 소금물에 데쳐주세요.

채소를 물에 삶거나 데쳐 사용할 때는 팔팔 끓는 물에 소금을 넣어주세요. 그냥 물에 삶으면 채소의 여러 맛성분과 영양성분이 빠져나와 맛과 영양이 손실돼요. 하지만 소금을 넣으면 이 성분들이 빠져나오는 걸 막을 수 있을 뿐 아니라 초록 채소는 색깔까지 선명하게 유지해줘요.

6. 드레싱을 만들 때 오일은 가장 마지막에 넣어요.

드레싱에는 오일이 거의 빠지지 않고 들어가요. 맛도 맛이지만 오일이 막을 형성해 양념으로 인한 삼투압현상을 지연시켜주기 때문이죠. 드레싱을 만들 때 재료가 들어가는 순서는 가루, 액체, 오일 순이에요. 액체까지 넣은 상태에서 가루가 녹을 때까지 충분히 섞은 뒤 오일을 조금씩 넣어야 잘 섞이게 돼요.

7. 액체 드레싱은 따로 담아 먹기 직전 끼얹어요.

특히 잎채소의 경우 조직이 연하고 수분 함량이 많아서 간이 되면 바로 숨이 죽고 싱싱한 느낌이 없어져요. 액체 드레싱은 미리 섞어서 담기보다는 먹기 직전에 뿌리거나 끼얹어 먹는 것이 좋아요.

8. 되직한 농도의 드레싱은 고루 버무려 담아요.

마요네즈가 들어가는 되직한 형태의 드레싱은 재료와 함께 고루 버무려 담아내는 것이 좋아요. 경우에 따라 장식처럼 위에 얹어 내기도 하지만 재료 전체를 골고루 섞기가 쉽지 않아 제 맛을 내기 힘들기 때문이에요.

밥숟가락으로 계량하기

요리의 시작은 계량. 아무리 좋은 레시피라도 정확한 계량 없이는 맛있는 요리가 될 수 없죠. 계량컵, 계량스푼, 저울 등 부담되시죠? 이제 우리 부엌에 늘 있는 밥숟가락과 종이컵을 활용해보세요. 쉬운 계량으로 맛있는 요리를 쉽게 만들 수 있어요.

가루 분량 재기

설탕(1)

숟가락으로 수북이 떠서 위로 볼록하게 올라오도록 담아요.

설탕(0.5)

숟가락으로 절반 정도만 볼록하게 담아요.

설탕(0.3)

숟가락의 $\frac{1}{3}$ 정도만 볼록하게 담아요.

장류 분량 재기

고추장(1)

숟가락으로 가득 떠서 위로 볼록하게 올라오도록 담아요.

고추장(0.5)

숟가락의 절반 정도만 볼록하게 담아요.

고추장(0.3)

숟가락의 $\frac{1}{3}$ 정도만 볼록하게 담아요.

다진 재료 분량 재기

다진 마늘(1)

숟가락으로 수북이 떠서 꼭꼭 담아요.

다진 마늘(0.5)

숟가락의 절반 정도만 꼭꼭 담아요.

다진 마늘(0.3)

숟가락의 $\frac{1}{3}$ 정도만 꼭꼭 담아요.

액체 분량 재기

간장(1)

숟가락 한가득
찰랑거리게 담아요.

간장(0.5)

숟가락의 가장 자리가 보이도록
절반 정도만 담아요.

간장(0.3)

숟가락의 $\frac{1}{3}$ 정도만 담아요.

종이컵으로 분량 재기

육수(1컵)

종이컵에 찰랑거리게
가득 담아요.

육수($\frac{1}{2}$컵)

종이컵의 절반보다 살짝 위로
올라오게 담아요.

육수($\frac{1}{3}$컵)

종이컵의 절반이 안 되도록
$\frac{1}{3}$ 정도만 담아요.

손으로 분량 재기

쪽파(1줌)

손으로 자연스럽게
한가득 쥐어요.

더덕(1줌)

가지런히 해 자연스럽게
한가득 쥐어요

샐러드 채소(1줌)

손으로 자연스럽게
한가득 쥐어요.

PART

01

든든
한 끼
샐러드

비트의 강렬하고 멋진 붉은 색과 모차렐라의 조합이 가히 환상적이에요. 푸른빛이 도는 드레싱까지 곁들여 담아내면 모양과 색에 반하고, 맛에 또 반하실 거에요.

비트모차렐라샐러드

B i t   m o z z a r e l l a   s a l a d

필수 재료 비트(1개), 생모차렐라치즈(1덩이), 바질(5장)
아보카도 바질 드레싱 설탕(0.5)+소금(0.2)+물(3)+레몬즙(1)+사과식초(1)+아보카도($\frac{1}{2}$개)+바질($\frac{1}{4}$컵)+올리브유(2)

01 생모차렐라치즈는 달걀 커터로 슬라이스하고,
Tip 커터를 사용해 치즈를 썰면 으스러짐 없이 깔끔하게 썰려요

02 비트는 둥글고 얇게 슬라이스하고,

03 **아보카도 바질 드레싱** 재료를 믹서에 모두 넣고 곱게 갈고,
Tip 드레싱의 농도를 조금 더 묽게 하고 싶다면 물로 조절해요

04 비트와 치즈를 번갈아 담고 드레싱과 바질을 곁들여 마무리.

카프레제 샐러드에 고소한 아보카도가 함께하면 더욱 맛있는 샐러드가 탄생하죠. 빛깔도 예뻐서 샐러드 하나로 식탁이 화사해져요.

아보카도카프레제샐러드

A v o c a d o   c a p r e z e   s a l a d

필수 재료 아보카도(1개), 생모차렐라치즈(1덩이), 완숙토마토(1개)
바질 발사믹 드레싱 소금(0.1)+발사믹 식초(2)+다진 바질(약간)+올리브유(3)

> 아보카도는 중간 정도 익은 것으로 준비해요.

01___ 아보카도는 반 갈라 씨를 제거한 뒤 껍질을 벗겨 반달 모양으로 썰고,

02___ 생모차렐라치즈는 달걀 커터를 이용해 슬라이스 하고,

03___ 완숙토마토는 5mm 두께로 썰고,

04___ 손질한 재료를 겹쳐가며 줄지어 담거나 돌려 담고 **바질 발사믹 드레싱**을 곁들여 마무리.

아는 맛이 최고로 맛있죠. 연어와 초고추장의 맛은 조합은 간단하지만 100% 성공하는 맛이에요.
슬쩍 밥을 반 공기만 넣어서 비벼 먹을까요?

연어회무침샐러드

Spicy salmon salad

필수 재료 생연어(100g), 무(150g), 청오이(½개), 치커리(½줌), 마늘(2쪽), 청양고추(1개)
양념장 설탕(0.5)+식초(0.7)+고춧가루(0.5)+고추장(1.5)+다진 마늘(약간)+참깨(약간)+참기름(약간)+레몬즙(1)

01 생연어는 깍둑으로 썰고,

02 무는 곱게 채 썰어 찬물에 담갔다 건지고,

03 청오이는 무와 같은 길이로 돌려 깎아 채 썰고,

04 치커리는 먹기 좋게 등분하고,

05 마늘은 납작 썰고 청양고추는 얇게 어슷 썰고,

06 치커리와 무, 청오이를 담고 연어를 올린 뒤 **양념장**, 마늘, 청양고추를 곁들여 마무리.

쫄깃한 우동사리에 넉넉한 채소를 넣고 고추냉이 향이 도는 간장 드레싱으로 가볍게 버무리면
먹는 내내 쫄깃함이 그대로 살아있어요. 봄동 대신 냉장고 안에 있는 어떤 채소를 넣어도 좋답니다.

냉우동샐러드

Cold udon noodle salad

필수 재료 우동사리(200g), 방울토마토(5개), 봄동(1줌), 칵테일새우(3마리), 새싹잎(약간)
고추냉이 간장드레싱 설탕(1.3)+간장(2)+맛술(3)+레몬즙(4)+와사비(0.3)+참기름(1)

01___ 우동은 끓는 물에 2분간 삶아 건져 얼음물에 비벼 씻어 건지고,

02___ 방울토마토는 반으로 썰고 봄동은 3cm 폭으로 썰고,

03___ 칵테일새우는 우동 데친 물에 넣었다 빼고,

04___ **고추냉이 간장드레싱**에 우동과 봄동을 넣고 고루 섞어 접시에 담고 방울토마토와 새우, 새싹잎을 얹어 마무리.

보들보들 순두부와 냉장고에 있는 채소를 곁들이고, 간단하게 드레싱만 뿌리면 부담 없는
아침식사용 순두부 샐러드가 만들어져요. 건강한 아침식사 어렵지 않아요.

순두부샐러드

S o f t   T o f u   s a l a d

필수 재료 래디시(1개), 적양파(¼개), 순두부(1봉), 어린 치커리(약간)
오리엔탈드레싱 설탕(0.3)+식초(1)+간장(1)+올리브유(1.5)+참기름(0.5)

01 래디시는 얇게 슬라이스하고,

02 적양파는 곱게 채 썰어 찬물에 담갔다 빼고,

03 순두부는 크게 숟가락으로 떠서 오목한 그릇에 담고,

04 래디시와 적양파, 초록 채소를 올리고 **오리엔탈드레싱**을 곁들여 마무리.

우리 입맛에 너무나 잘 맞는 타코. 간단하게 만드는 토마토살사와 구아카몰만 있으면 순식간에 타코가 만들어져요. 그냥 퍼먹어도 맛있고, 토르티아에 싸먹어도 맛있고 나쵸칩을 찍어먹어도 맛있고, 바게트에 얹어 먹어도 맛있답니다.

타코샐러드

Taco Salad

필수 재료 토르티야(2장), 쇠고기(50g), 슈레드치즈(30g), 토마토살사(50g), 구아카몰(50g), 사워크림(4),
빨간 파프리카(20g), 양파(¼개)
양념 소금(약간), 후추(약간)

01 파프리카와 양파는 채 썰고,

02 마른 팬에 토르티야를 앞뒤로 따듯하게 구워 꺼내고,

03 팬에 식용유(0.5)를 두르고 파프리카와 양파를 볶으며 소금, 후추로 간하고,

04 같은 팬에 다시 식용유(0.5)를 두르고 쇠고기를 소금, 후추로 간하여 물기 없이 볶고,

05 토르티야를 펴고 사워크림을 바른 뒤 토마토살사와 구아카몰에 준비된 재료를 보기 좋게 올려 마무리.

토마토살사

T o m a t o s a l s a

필수 재료 단단한 완숙토마토(1개)
살사소스 설탕(0.3)+소금(0.1)+라임즙(1.5)+다진 양파(2)+다진 할라피뇨(1)+다진 고수(1)+스리라챠소스(1.5)

01___토마토는 껍질을 벗겨 씨를 빼고 과육만 사각 썰고,

02___**살사소스** 재료를 모두 섞고,

03___토마토를 넣고 섞어 냉장고에 차게 두어 마무리.

구아카몰

G u a c a m o l e

FOR 2

필수 재료 아보카도(1개), 완숙토마토($\frac{1}{2}$개)
양념 설탕(0.3)+레몬즙(1.5)+다진마늘(0.2)+다진양파(2)+다진 할라피뇨(1)

01 ___ 아보카도는 껍질에서 속을 떠내 포크로 으깨고,

02 ___ 토마토는 껍질을 벗겨 씨를 빼고 과육만 잘게 사각 썰고,

03 ___ 토마토에 나머지 분량의 **양념**을 모두 섞고

04 ___ 아보카도와 한 번 더 섞어 마무리.

떡과 샐러드? 상상으로는 어색하게 느낄 수 있지만 쫄깃함과 상큼함이 어우러져
훌륭하게 동서양의 조화를 이룬답니다. 떡이 있어 든든하게 먹을 수 있어요.

떡국떡샐러드

T t e o k S a l a d

필수 재료 떡국떡(1줌), 방울토마토(3개), 모둠채소(양상추, 라디치오, 치커리, 비타민 등)
발사믹 드레싱 설탕(0.5)+소금(약간)+발사믹 식초(2)+다진 양파(2)+올리브유(3)
양념 소금(약간)

01___ 떡국 떡은 팬에 기름을 두르고 앞뒤로 노릇하게 구우면서 소금으로 간하고,

02___ 채소는 한입 크기로 찢거나 자르고,

03___ 방울토마토는 반으로 가르고,

04___ 모든 재료를 보기 좋게 담고 **발사믹 드레싱**을 곁들여 마무리.

신선한 바질로 만든 바질페스토 드레싱에 쫄깃하게 삶은 푸실리와 채소들을 넣고 버무리면
그 자체로 맛있는 샐러드가 완성! 바로 먹어도 맛있지만 차갑게 해서 먹어도 맛있답니다.

파스타샐러드

P a s t a   s a l a d

필수 재료 푸실리(100g), 색토마토(4개), 양파(⅛개), 모둠채소(2줌), 블랙올리브(4개)
양념 올리브유(1)
바질페스토 드레싱 잣가루(1)+치즈가루(2)+곱게 다진 바질(4)+다진 마늘(0.3)+올리브유(2)+소금(약간)+후추(약간)

01 끓는 물(5컵)에 소금(0.5)을 넣고 푸실리를 넣어 권장한 조리 시간보다 1분 더 삶아 찬물에 헹궈 물기를 뺀 뒤 올리브유(1)에 버무리고,

02 토마토는 2~4등분하고, 양파는 채 썰고,

03 **바질페스토 드레싱**에 푸실리를 버무리고,

04 준비된 모든 재료들과 푸실리를 보기 좋게 담아 마무리.

콥(Cobb)이라는 이름의 셰프가 주방에서 남은 채소로 만든 샐러드에서 기원한 샐러드로 냉장고 안에 있는 재료들을 활용해 만들 수 있어요. 닭가슴살 대신 햄을 사용해도 좋고 어떤 채소든 활용 가능해요.

콥샐러드

C o b b   s a l a d

필수 재료 방울토마토(10개), 오이(½개), 적양파(½개), 삶은 달걀(2개), 익힌 닭가슴살(1쪽), 아보카도(½개), 로메인상추(3장)
요거네즈 드레싱 설탕(1)+식초(2.5)+플레인요거트(5)+마요네즈(6)+다진 마늘(0.5)+소금(0.2)+후춧가루(약간)

01 ___ 방울토마토, 오이, 적양파는 작게 깍둑 썰고,

02 ___ 삶은 달걀, 익힌 닭가슴살, 아보카도도 같은 크기로 깍둑 썰고,

03 ___ 로메인상추는 1.5cm 폭으로 썰고,

04 ___ 접시에 로메인상추를 깔고 그 위에 준비한 재료를 줄지어 담고,

05 ___ **요거네즈 드레싱**을 곁들여 마무리.

두부를 노릇하게 튀겨 얇은 쌀국수와 함께 매콤 짭조름한 드레싱에 버무려 한입 맛보면 손을 멈출 수가 없어요. 고소한 두부를 넉넉히 넣어 건강도 함께 챙기세요.

튀긴두부분짜샐러드

B u n   C h a   s a l a d

필수 재료 두부(100g), 오이(¼개), 당근(⅓개), 양파(½개), 버미셀리(200g), 땅콩(3), 고수(1줌)
피시소스 칠리드레싱 설탕(1)+간장(1)+피시소스(1)+식초(2)+라임즙(1)+스위트칠리소스(1)+다진 마늘(0.5)
+다진 생강(0.3)+다진 붉은 고추(1)

01___ 두부는 잘게 사각 썰어 기름에 겉이 노릇하게 튀겨 식히고,

02___ 오이, 당근, 양파는 채 썰고, 고수는 3cm 길이로 자르고,

03___ 버미셀리는 찬물에 30분 불린 뒤 끓는 물에 10초 넣었다 빼고,

04___ 땅콩은 마른 팬에 볶아 잘게 부수고,

05___ 그릇에 버미셀리와 손질한 재료를 보기 좋게 담고 **피시소스 칠리드레싱**을 곁들여 마무리.

그냥 먹어도 맛있는 감자튀김! 그런데 안주로 하기에 무언가 2% 부족하다면?
바삭하고 굵직한 감자튀김과 사워크림 드레싱과 토마토가 만나면 맥주 안주 완성입니다.

프라이드포테이토샐러드

F r e n c h   f r i e s   s a l a d

필수 재료 냉동포테이토(4개), 토마토(1개), 베이컨(4줄), 슈레드 체다치즈(½컵), 할라피뇨(4), 고수(3줄)
사워크림 드레싱 사워크림(1컵), 고수(8잎)

01 냉동포테이토는 170℃에 노릇하게 튀겨 기름을 빼두고,

02 토마토는 껍질을 벗겨 깍둑 썰고,

03 베이컨은 1cm로 잘라 팬에 볶아 키친타월에 기름을 빼고,

04 그릇에 튀긴 감자와 **사워크림 드레싱**을 듬뿍 담고, 토마토, 할라피뇨, 슈레드 체다치즈, 베이컨, 고수를 얹어 마무리.

당근은 말 그대로 단맛이 나는 채소예요.
팬에 기름을 두르고 노릇하게 구우면 그 단맛은 더욱 살아나죠.
고소한 렌틸콩을 함께 볶아 만든 든든한 샐러드입니다.

구운당근렌틸콩샐러드

Roast carrot lentil bean salad

필수 재료 당근(1개), 렌틸콩(1컵), 아몬드 슬라이스(⅓컵), 마늘(10쪽), 딜(약간)
딜요거트 드레싱 플레인요거트(½컵)+레몬즙(1)+올리브유(1)+올리고당(1)+딜(0.3)+소금(0.1)
양념 소금(약간), 후추(약간)

01 ___ 당근은 5mm 두께로 채 썰고, 마늘은 납작 썰고,

02 ___ 렌틸콩은 3배의 찬물을 붓고 20분 삶아 건지고,

03 ___ 팬에 올리브유(1)를 두르고 중간 불에 당근, 마늘을 넣고 앞뒤로 노릇해질 때까지 볶고,

04 ___ 렌틸콩도 팬에 넣고 소금과 후추로 간해가며 볶고,

05 ___ 그릇에 렌틸콩, 당근, 마늘, 아몬드 슬라이스와 짧게 자른 딜을 보기 좋게 담고 **딜요거트 드레싱**을 곁들여 마무리.

골뱅이는 먹고 싶고, 소면은 부담스럽고, 그래도 국수는 있어야겠고……
그럴 땐 실곤약을 넣어보세요.
오독오독한 식감과 부담스럽지 않은 칼로리로 골뱅이와 함께 먹어도 걱정 없어요!

골뱅이실곤약샐러드

G o l b a e n g i   s a l a d

필수 재료 실곤약(200g), 골뱅이(1캔), 청오이(½개), 양파(¼개),
선택 재료 당근(⅓개), 치커리(2줌), 대파(흰 부분)
새콤고추장양념장 설탕(1)+고춧가루(1)+식초(3)+다진 마늘(0.3)+올리고당(1)+고추장(3)+참기름(0.3)+참깨(0.2)

01 ___ 실곤약은 체에 밭쳐 물기를 빼고,

02 ___ 골뱅이는 물기를 뺀 뒤 먹기 좋게 2~3등분하고,

03 ___ 청오이는 길게 반 갈라 어슷 썰고, 양파, 당근은 채로 썰고,

04 ___ 치커리는 4cm 길이로 자르고 대파는 곱게 채 썰어 찬물에 담갔다 빼고,

05 ___ 골뱅이, 양파, 오이, 당근에 **새콤고추장양념장**을 넣고 고루 버무리고,

06 ___ 그릇에 치커리를 고루 펼쳐 담고 골뱅이무침과 실곤약을 얹은 뒤 대파로 장식해 마무리.

아삭아삭한 콩나물에 탱글탱글한 당면을 버무려 간단하게 만들 수 있는 요리예요. 당면이 들어간 덕분에 입맛 없을 때 식사 대용으로 먹기 좋은 샐러드랍니다.

콩나물당면샐러드

Bean sprouts salad

필수 재료 콩나물(200g), 불린 당면(100g), 쪽파(1대)
당면 양념 설탕(0.5)+간장(1.5)+참기름(0.5)+참깨(0.3)
콩나물 양념 고춧가루(0.5)+소금(0.2)+다진 파(1)+다진 마늘(0.3)+참기름(0.2)+참깨(0.2)

01___ 콩나물은 소금물(물 ½ 컵, 소금 0.2)과 함께 냄비에 넣고 중간 불에서 5분간 삶아 건져 식히고,

02___ 불린 당면은 끓는 물에 넣고 3분 삶아 건져 찬물에 비벼 헹궈 **당면 양념**에 버무리고,

03___ 쪽파는 송송 썰고,

04___ 양념한 당면을 팬에 투명하게 볶아 식히고,

05___ 콩나물은 **콩나물 양념**으로 조물조물 무치고,

06___ 콩나물과 당면을 함께 고루 무쳐 담고 쪽파로 장식해 마무리.

간단하지만 맛있고 품 나는 월남쌈 샐러드예요. 손님 오실 때 내놔도 좋고요. 소풍 도시락에 색다르게 준비해도 좋답니다. 한입에 쏙 들어가는 크기로 돌돌 말아 매콤한 드레싱을 찍어 먹으면 베트남에 온 것만 같아요.

새우월남쌈샐러드

S h r i m p   s p r i n g   r o l l s   s a l a d

필수 재료 적양파(1개), 노란 파프리카(¼개), 양상추(3잎), 미니로메인(6장), 사각 월남쌈(6개), 칵테일새우(12마리)
청양고추 피시소스드레싱 설탕(1)+식초(2)+피시소스(2)+다진마늘(1)+다진 청양고추(2개분)+스리라챠소스(1)

01___ 적양파는 채 썰어 찬물에 담갔다 빼고, 파프리카는 채 썰고,

02___ 양상추는 손으로 찢고, 미니로메인은 반으로 자르고,

03___ 월남쌈을 미지근한 물에 담갔다 건져 도마 위에 펴고 로메인, 양상추, 파프리카, 적양파, 새우 순으로 올려 바짝 당겨가며 잘 여며 싸고,

04___ 월남쌈을 반으로 갈라 접시에 담고 **청양고추 피시소스 드레싱**을 곁들여 마무리.

요즘 태국 음식점이 정말 많죠? 이 샐러드는 태국 현지인들이 정말 좋아하는
새콤달콤한 냉쌀국수샐러드예요. 간식으로도 많이 먹고, 입맛 없을 때 후루룩 먹기 정말 좋아요.
더운 여름 샐러드 한 접시로 태국에 다녀온 기분을 낼 수 있어요.

타이풍새우쌀국수샐러드

Thai shrimp rice noodle salad

필수 재료 쌀국수(60g), 칵테일새우(6마리), 완숙토마토(½개), 양파(¼개), 양상추(1장), 고수(2줄기), 숙주(30g), 땅콩가루(2)
피시소스 칠리드레싱 설탕(1)+식초(2)+피시소스(1.5)+칠리소스(0.8)+다진홍고추(2)+다진 마늘(0.2)+식용유(2)

01 ___ 쌀국수는 30분간 찬물에 불려 끓는 물에 10초만 삶아 건져 찬물에 헹구고,

02 ___ 칵테일새우는 쌀국수 데친 물에 넣었다 빼고,

03 ___ 토마토는 1cm 폭으로 썰고, 양파는 채 썰어 찬물에 담갔다 건지고,

04 ___ 양상추는 손으로 한입 크기로 찢고, 고수는 4cm 길이로 자르고,

05 ___ 숙주는 머리와 꼬리를 잘라 찬물에 헹구고,

06 ___ 재료를 보기 좋게 담고 땅콩가루를 뿌린 뒤 **피시소스 칠리드레싱**을 곁들여 마무리.

판자넬라는 '빵'을 뜻하는 '파네(pane)'와 '옴폭한 그릇(bowl)'을 뜻하는 '자넬라(zanella)'가 결합된 말입니다. 이탈리아 중부지역에서 주로 만들어 먹던 샐러드로, 하루가 지나 딱딱해진 빵에 올리브유를 발라 채소를 곁들여 먹는다고 합니다. 생소하고 이국적인 샐러드를 만들어볼까요?

판자넬라샐러드

Panzanella salad

 FOR 2

필수 재료 바게트(½개), 완숙토마토(1개), 적양파(¼개), 모둠채소(2줌), 파르메산치즈(약간)
바게트 양념 올리브유(4)+다진마늘(1)+고운 고춧가루(0.3)+파슬리가루(약간)
와인비네거 드레싱 설탕(0.3)+레드와인비네거(3)+다진 피클(1)+다진 양파(1)+다진 마늘(0.2)+머스터드(0.3)+올리브유(¼컵)

01___ 바게트는 길쭉하게 4등분한 뒤 200℃ 오븐에서 **바게트 양념**을 발라 10분 간 굽고,

02___ 완숙 토마토는 12쪽으로 나누고,

03___ 적양파는 채 썰어 찬물에 헹궈 바로 꺼내고,

04___ 그릇에 모둠채소, 완숙토마토, 적양파를 담고 파르메산치즈를 갈아 얹고, 바게트를 곁들인 뒤 **와인비네거 드레싱**을 곁들여 마무리.

파스타를 먹기엔 너무 무겁게 느껴지는 날, 냉파스타 느낌의 간단하게 먹기 좋은 새우 푸실리 샐러드입니다. 고소하고 든든한 맛에 반할 거예요.

새우푸실리샐러드

Shrimp fusilli salad

필수 재료 방울토마토(4개), 쪽파(2대), 이태리파슬리(1줄기), 칵테일새우(1컵), 삶은 푸실리(1컵)
레몬드레싱 레몬즙(2)+간장(0.2)+다진생강(0.2)+마요네즈(5)

01 ___ 방울토마토는 4등분하고,

02 ___ 쪽파는 송송 썰고, 이태리파슬리는 굵게 다지고,

03 ___ 칵테일새우는 물기를 제거하고 **레몬드레싱**, 삶은 푸실리와 섞고,

04 ___ 방울토마토, 쪽파, 파슬리를 넣고 한 번 더 가볍게 버무려 마무리.

밥반찬으로 아주 훌륭한 한국식 고기 샐러드입니다. 불고기만 있으면
채소에는 손이 안 가게 되는데, 샐러드로 만드니 자연스럽게 채소와 고기를 적절하게 즐기게 돼요.

불고기샐러드

B u l g o g i   s a l a d

필수 재료 쇠고기(불고기감 200g), 토마토(½개), 양파(¼개), 모둠채소(양상추, 비타민, 치커리 2줌)
불고기양념장 설탕(1)+간장(2)+맛술(1)+다진 파(0.5)+다진 마늘(0.3)+참기름(0.3)+후춧가루(약간)
허니오리엔탈 드레싱 식초(1)+간장(1)+다진 마늘(0.3)+꿀(0.5)+식용유(2)+참기름(0.5)+참깨(0.3)

01___ 불고기는 한입 크기로 잘라 **불고기양념장**에 주물러 재우고,

02___ 토마토는 1cm 폭으로 썰고,

03___ 양파는 곱게 채 썰어 찬물에 담갔다 빼고,

04___ 팬에 식용유(1)를 두르고 불고기를 부드럽게 볶고,

05___ 모둠채소와 토마토를 보기 좋게 담고 불고기와 양파를 얹은 뒤 **허니오리엔탈 드레싱**을 곁들여 마무리.

슈퍼푸드로 등극한 병아리콩과 퀴노아를 이용해 식사를 대신할 수 있게 만든 샐러드에요.
넉넉하게 삶아 냉장실에 두고 그때그때 드레싱과 버무려 먹으면 건강하고 간단하게 한 끼 해결!

병아리콩퀴노아샐러드

Chick bean quinoa salad

필수 재료 불린 병아리콩(1컵), 퀴노아(1컵), 양파(¼개), 이태리파슬리(1줌), 크랜베리(½컵), 아몬드 슬라이스(½컵)
허니머스터드 드레싱 식초(1.5)+꿀(1)+머스터드(0.3)+올리브유(3)+소금(약간)+후춧가루(약간)

01___ 병아리콩은 하루 전날 찬물에 담가 불리고,

02___ 퀴노아는 체에 밭쳐 흔들어 씻고,

03___ 끓는 소금물(물3컵+소금0.3)에 병아리콩을 넣고 물이 끓으면 중약 불로 줄여 30분 삶아 건지고,

04___ 퀴노아도 끓는 소금물 (물3컵+소금0.3)에 넣고 12분간 삶아 건지고,

05___ 양파와 이태리파슬리는 굵게 다지고,

06___ 병아리콩, 퀴노아, 양파, 파슬리, 크랜베리, 아몬드 슬라이스에 **허니머스터드 드레싱**을 섞어 마무리.

PART
02

스페셜
샐러드

주키니호박 단 한 가지만으로도 샐러드가 가능해요.
그냥 먹어도 맛있고, 반찬으로도 손색없는 샐러드랍니다.
갈릭오일의 은은한 맛이 주키니 호박의 맛을 한 층 살려줍니다.

구운주키니호박샐러드

Roasted zucchini pumpkin salad

필수 재료 주키니호박(2개)
갈릭오일 드레싱 소금(0.2)+파슬리가루(0.2)+레몬즙(1)+다진 마늘(0.3)+올리브유(1.5)

01 ___ 주키니호박은 양 끝을 잘라낸 뒤 반으로 잘라 얇게 길이로 슬라이스하고,

02 ___ 마른 팬에 앞뒤로 노릇하게 굽고,

03 ___ 한 김 식혀 **갈릭오일 드레싱**과 고루 섞어 마무리.

TIP

샐러드를 먹고 남았다면 간단하게 한 끼 **주키니호박샐러드 샌드위치**

재료 주키니호박샐러드(1개 분량), 식빵(2쪽), 모차렐라치즈(1컵), 페스토소스나 마요네즈 또는 허니머스터드소스(2)

1. 식빵 안쪽에 각각 페스토소스를 바르고,
2. 소스를 바른 식빵 위에 모차렐라치즈를 얇게 펴 얹고,
3. 그 위에 주키니호박샐러드를 넉넉히 얹고,
4. 다시 모차렐라치즈를 얇게 펴 얹고,
5. 페스토소스를 바른 쪽이 안으로 가게 다시 식빵을 얹고,
6. 파니니 팬에 앞뒤로 눌러가며 치즈가 녹을 때까지 구워 마무리.

달콤한 단호박과 짭조름한 베이컨의 조화가 입맛을 살려줘요.
달콤한 맛을 살린 요거네즈 드레싱까지 더해지면 풍부한 맛에 마음까지 풍요로워요.

구운단호박샐러드

Roasted sweet pumpkin salad

필수 재료 단호박(150g), 베이컨(2줄), 방울토마토(4개), 어린잎채소(40g)
요거네즈 드레싱 소금(0.1)+레몬즙(2)+마요네즈(4)+플레인요거트(4)+꿀(1)

01 ___ 단호박은 주사위 크기로 사각 썰고,

02 ___ 팬에 식용유(1)를 두르고 앞뒤로 노릇하게 굽고,

03 ___ 베이컨은 4cm 폭으로 잘라 팬에 구워 기름을 빼고,

04 ___ 방울토마토는 반으로 가르고,

05 ___ 모든 재료를 보기 좋게 담고 **요거네즈 드레싱**을 곁들여 마무리.

채소 재료 자체의 순수한 맛을 그대로 살려 모든 재료를 깔끔하게 찜통에 쪄냈어요.
넉넉한 양의 미소마요 드레싱과 먹으면 더욱 깊은 맛을 느낄 수 있답니다.
부담스럽지 않은 맛의 따뜻한 샐러드예요.

찜채소샐러드

Steamed vegetables salad

필수 재료 가지(½개), 애호박(½개), 당근(½개), 연근(50g), 브로콜리(¼개)
미소마요 드레싱 설탕(1)+참깨가루(3)+레몬즙(3)+뜨거운 물(3)+미소된장(1)+마요네즈(4)+꿀(1)

01 ___ 가지, 애호박, 당근은 8cm 길이로 길쭉하게 스틱으로 썰고,

02 ___ 연근은 5mm 두께로 둥글게 썰고,

03 ___ 브로콜리는 한입 크기로 자르고,

04 ___ 김 오른 찜통에 모든 채소를 넣고 15분간 찐 뒤 **미소마요 드레싱**과 곁들여 마무리.

동글동글 작고 귀여운 알감자를 삶아 노릇하게 구워 향이 있는 채소와 버무렸어요. 치즈 가루를 뿌려 고소함을 더하고 드레싱으로 산뜻함을 살려 더욱 맛있답니다.

구운알감자샐러드

Roasted potato salad

필수 재료 알감자(10개=600g), 셀러리(1대), 적양파(½개), 파르메산치즈(적당량)
레몬오일 드레싱 설탕(0.5)+소금(0.2)+레몬즙(2)+올리브유(3)
양념 소금(0.2+약간)

01___ 알감자는 반으로 잘라 냄비에 넣고 물(2컵)과 소금(0.2)을 넣고 ⅔ 정도 삶아 건지고,

02___ 팬에 앞뒤로 노릇하게 구워 한 김 식혀 소금(약간)으로 간하고,

03___ 셀러리는 질긴 섬유질을 벗겨낸 뒤 5mm 두께로 썰고,

04___ 적양파는 곱게 채 썰고,

05___ **레몬오일 드레싱**을 고루 섞어 알감자, 셀러리, 적양파와 버무려 담고 파르메산치즈를 뿌려 마무리.

다이어트를 하는 사람이라면 누구나 한 번쯤 만들어봤을 샐러드예요.
필수 재료는 아보카도와 닭고기지만 양파와 셀러리의 역할이 그 어떤 샐러드보다 중요하죠.
든든한 한 끼, 아보카도닭고기샐러드는 어떠세요?

아보카도닭고기샐러드

A v o c a d o   c h i c k e n   s a l a d

필수 재료 훈제 닭가슴살(1쪽), 아보카도(1개), 셀러리(10cm), 양파(¼개), 견과류(3), 크랜베리(2)
요거트 드레싱 레몬즙(1)+생크림요거트(1통)

01 아보카도와 닭가슴살은 깍둑 썰고,

02 셀러리는 겉의 섬유질을 없앤 뒤 깍둑 썰고,

03 양파도 사각으로 썰어 찬물에 담갔다 건지고,

04 **요거트 드레싱**에 모든 손질한 재료를 고루 섞고 견과류와 크랜베리를 보기 좋게 얹어 마무리.
Tip 견과류는 호두와 아몬드를 사용했어요

고기는 꼭 쌈장에만 먹는다고요? 고소하게 구운 차돌박이에 간단한 샐러드 곁들여보세요.
쌈도, 쌈장 없이도 전혀 기름지지 않아요.

차돌박이구이샐러드

Beef brisket salad

필수 재료 차돌박이(150g), 대파채(100g), 상추(50g)
양념장 설탕(1)+고춧가루(1.5)+식초(1.5)+간장(4.5)+다진 마늘(1)+참기름(0.5)+참깨(0.3)

01 ___ 대파는 7cm 길이로 채 썰거나 채 썬 것으로 구입하고, 상추는 4cm 길이로 자르고,

02 ___ 중간 불로 달군 팬에 차돌박이를 노릇하게 구워 키친타월에 올려 식히고,

03 ___ **양념장**을 만들고,

04 ___ 대파채와 상추, 차돌박이를 그릇에 담고 양념장을 곁들여 마무리.

매콤한 음식이 끌리는 날이 있죠. 스트레스 받는 날에는 매운 음식이 생각난다고 하더라고요.
매운닭고기 스테이크 샐러드로 스트레스를 날려보아요.

매운닭고기스테이크샐러드

Spicy chicken steak salad

필수 재료 닭넓적다리살(1개), 양상추(3장), 적양배추(1장), 어린잎채소(1줌)
닭고기 양념 설탕(0.5)+고춧가루(0.5)+간장(0.5)+술(1)+고추장(1)+다진생강(0.2)+다진 마늘(0.3)
오리엔탈 드레싱 설탕(0.5)+간장(1)+식초(1)+식용유(2)+참기름(0.3)+후춧가루(약간)

01___ 양상추는 한입 크기로 찢고, 적양배추는 곱게 채 썰어 찬물에 담갔다 빼고,

02___ 닭은 **닭고기 양념**에 10분간 재워 둔 뒤 팬에 식용유(1)를 두르고 불에 앞뒤로 노릇하게 굽고,

03___ 한 김 식힌 뒤 모양이 흐트러지지 않게 길게 한입 크기로 썰고,

04___ 준비된 채소를 섞어 그릇에 담고 구운 닭을 올린 뒤, **오리엔탈 드레싱**을 곁들여 마무리.

아보카도는 날것으로만 드셨다고요? 거뭇거뭇하게 살짝 태우듯 구운 아보카도는 그 고소함이 배가 된답니다. 깔끔한 간장 드레싱과의 조합이 상상할 수 없는 맛을 내요.

구운아보카도샐러드

Roasted avocado salad

필수 재료 아보카도(1개), 컬러 방울토마토(4개), 양파(⅓개), 모둠채소(1줌)
소이 드레싱 설탕(0.3)+식초(1)+간장(1)+올리브유(1.5)

01___아보카도를 반으로 갈라 껍질이 있는 상태에서 격자 모양으로 칼집을 넣어주고,

02___토치를 이용해 아보카도에 색이 나게 굽고,
Tip 토치가 없다면 달군 팬에 노릇하게 구워요

03___방울토마토는 반으로 가르고, 양파는 곱게 채 썰어 찬물에 담갔다 건지고,

04___모둠채소와 양파, 방울토마토를 담고 한쪽에 아보카도를 얹고 **소이 드레싱**을 곁들여 마무리.

고기는 먹고 싶은데 스테이크는 식상하시죠? 고소한 참깨 드레싱과 함께라면
색다른 쇠고기스테이크샐러드가 됩니다. 참깨와 쇠고기의 조합이 궁금하시죠?

쇠고기 스테이크 샐러드

B e e f   s t e a k   s a l a d

필수 재료 쇠고기(스테이크용 150g), 양파(¼개), 래디시(1개), 루꼴라(2줌),
밑양념 올리브유(1)+후춧가루(약간)
참깨 드레싱 설탕(0.5)+곱게 간 참깨(1.5)+소금(약간)+식초(1)+간장(1)+땅콩버터(0.5)+마요네즈(1.5)

01 쇠고기는 스테이크용으로 준비해 앞뒤로 **밑양념**하고,

02 양파는 곱게 채 썰고, 래디시는 얇게 슬라이스하고,

03 팬을 중간 불에 달궈 식용유(2)를 두른 뒤 쇠고기의 밑면이 노릇하게 익을 때까지 굽고, 앞뒤로 1분씩 더 구워 미디움으로 굽고,

04 먹기 좋게 잘라 채소와 함께 그릇에 담고 **참깨 드레싱**을 뿌리거나 곁들여 마무리.

샤브샤브용으로 얇게 썬 삼겹살을 데치면 특유의 부드러움에 담백, 쫄깃함이 더해지죠.
미소참깨 드레싱의 고소하고 진한 맛과 삼겹살의 풍미가 어우러진 샐러드예요.

삼겹살샤브샤브샐러드

Shabu-Shabu salad

필수 재료 삼겹살(샤브샤브용 100g), 적양파(¼개), 참나물(100g), 래디시(1개)
미소참깨 드레싱 설탕(1)+참깨 간 것(1)+식초(3)+오렌지주스(3)+미소된장(2)+식용유(3)

01___ 삼겹살은 끓는 물에 데쳐, 찬물에 헹궈 한입 크기로 잘라 물기를 빼고,

02___ 적양파는 채 썰어 찬물에 담갔다 건지고,

03___ 참나물은 5cm 길이로 자르고,

04___ 래디시는 얇고 동글게 썰어 찬물에 담갔다 건지고,

05___ 그릇에 손질한 재료를 보기 좋게 담고 **미소참깨 드레싱**을 곁들여 마무리.

돼지고기의 목살은 적당한 지방과 근육이 함유되어 스테이크로 가장 잘 어울리는 부위죠. 가벼운 레몬오일 드레싱과 함께라면 다이어트 식단으로 안성맞춤이에요. 단백질 가득한 한 끼 식사로 추천해요.

목살데리야키샐러드

Teriyaki salad

필수 재료 돼지고기(목살스테이크 150g), 숙주(1줌), 양파(½개), 붉은 파프리카(¼개), 모둠채소(1줌)
고기양념 설탕(0.5)+맛술(2)+간장(1.5)+생강(1쪽)+후춧가루(약간)
레몬오일 드레싱 소금(약간)+레몬즙(1.5)+식용유(2)

01 양파는 곱게 채 썰어 찬물에 담갔다 건지고,

02 파프리카는 채 썰고, 모둠채소는 한입 크기로 자르고,

03 불로 달군 팬에 식용유(1)를 두르고 숙주를 휘둘러 볶아 꺼내고,

04 같은 팬에 돼지고기 목살을 앞뒤로 노릇하게 구워 꺼내고,

05 생강을 얇게 슬라이스한 뒤 **고기양념**과 함께 팬에 넣고 바글바글 끓으면 구운 고기를 넣고 물기 없이 조리고,

06 그릇에 숙주를 담고 한입 크기로 썬 돼지고기를 얹고 옆으로 채소와 **레몬오일 드레싱**을 곁들여 마무리.

향긋한 셀러리와 담백한 닭고기로 만든 샐러드는 그냥 먹어도 맛있고
빵 사이에 끼워 샌드위치를 만들어 먹어도 훌륭해요.

닭고기셀러리샐러드

Chicken celery salad

필수 재료 훈제 닭가슴살(1개), 셀러리(100g), 양파(¼개)
요거네즈 드레싱 소금(약간)+마요네즈(2)+플레인요거트(2)+홀그레인머스터드(0.3)+후추(약간)

01 ___ 닭고기는 결 따라 적당히 찢고,

02 ___ 셀러리는 질긴 섬유질을 벗겨낸 뒤 5mm 두께로 어슷 썰고,

03 ___ 양파는 채 썰어 찬물에 헹궈 물기를 거두고,

04 ___ **요거네즈 드레싱**에 고루 버무려 마무리.

고기는 너무 부담스럽고, 대충 먹기엔 아쉬운 날 연어 스테이크 어떠세요? 자칫 느끼할 수 있는 연어에 샐러드를 곁들여 간단하면서도 고급 레스토랑 못지 않은 한 끼 식사로 오늘의 저녁을 만끽해보아요.

연어스테이크샐러드

Salmon steak salad

필수 재료 연어스테이크(1쪽), 어린시금치(1줌), 셀러리(10cm), 적양파(¼개), 방울토마토(2개), 라임(1쪽)
밑간 소금(0.2)+후춧가루(0.1)+올리브유(1)
허니머스터드 드레싱 머스타드(0.5)+꿀(0.5)+마요네즈(3)

01 연어는 **밑간**에 재워 불로 달군 팬에 앞뒤로 노릇하게 굽고,
Tip 연어에 기름이 많아서 기름은 약간만 두르고 사용하세요.

02 셀러리는 5cm 길이로 얇게 어슷 썰고,

03 적양파는 곱게 채 썰어 찬물에 담갔다 빼고,

04 방울토마토는 반으로 가르고,

05 접시에 보기 좋게 모아 담고 라임과 **허니머스터드 드레싱**을 곁들여 마무리.

참치는 그냥 회로 먹어도 맛있지만, 겉을 살짝 익혀 먹는 타다키는 색다른 참치의 맛을 선사하죠.
겉만 적당히 익히고 안은 덜 익어야 알맞은 육즙과 부드러움을 동시에 느낄 수 있어요.
고소한 깨가 더해져 매력적인 풍성한 맛을 느낄 수 있어요.

참치타다키샐러드

T u n a   t a d a k i   s a l a d

필수 재료 참치살(100g), 참깨(1), 검은깨(1), 밀가루(약간), 달걀(1), 어린 루꼴라(2줌)
오렌지 미소 드레싱 설탕(0.3)+참깨가루(0.2)+식초(1)+오렌지주스(1)+미소된장(0.5)+올리브유(1.5)

01 ___ 참치는 냉동실에서 꺼내 젖은 키친타월로 감싸두고, 참깨와 검은깨는 섞어두고, 달걀은 풀고,

02 ___ 참치가 칼이 들어갈 정도로 살짝 녹으면 바로 밀가루, 달걀 물, 깨를 묻히고,

03 ___ 팬에 식용유를 두르고 중간 불에서 한 면에 1분씩 돌려가며 굽고,

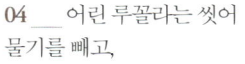

04 ___ 어린 루꼴라는 씻어 물기를 빼고,

05 ___ 참치를 5mm 폭으로 썰고,

06 ___ 채소와 참치를 보기 좋게 담고 **오렌지 미소 드레싱**을 곁들여 마무리.

구워만 먹어도 맛있는 고구마, 감자, 단호박에 드레싱을 곁들여 좀 더 풍성하게 맛을 즐기는 건 어떨까요? 고소하고 달콤한 맛이 한층 살아나 든든한 간식으로, 간단한 식사로도 좋아요.

모둠오븐구이샐러드

O v e n   s a l a d

필수 재료 감자(1개), 고구마(1개), 단호박(¼개), 아몬드 슬라이스(¼컵)
양념 소금(0.1)+파슬리가루(약간)+올리브유(3)+후추(약간)
요거네즈 드레싱 설탕(0.5)+식초(0.6)+플레인요거트(4)+마요네즈(4)

01 ___ 감자는 껍질째 웨지 모양으로 썰고, 고구마도 껍질째 1cm 폭으로 동글게 썰고,

02 ___ 단호박은 반으로 잘라 속의 씨를 뺀 뒤 전자레인지에서 5~7분 익혀 2cm 폭으로 길게 썰고,

03 ___ 손질한 재료에 **양념**을 고루 버무려 오븐에 210℃에서 노릇하게 15분간 익히고,

04 ___ 구운 재료를 담고 아몬드 슬라이스와 **요거네즈 드레싱**을 곁들여 마무리.

콜리플라워는 신기하게도 볶으면 볶을수록 고소한 맛이 살아나요. 노릇하게 구워 채소들과 함께 섞어 버무리면 콜리플라워의 또 다른 매력에 빠지게 될 거예요.

구운 콜리플라워 샐러드

Roast cauliflower salad

필수 재료 콜리플라워(½송이), 적양파(¼개), 케일(6장), 잣(1)
레몬 드레싱 레몬즙(1)+올리브유(2)+꿀(0.3)+소금(0.2)+후춧가루(약간)

01 ___ 콜리플라워는 한입 크기로 자르고,

02 ___ 적양파는 채 썰어 찬물에 담갔다 건지고,

03 ___ 케일은 세로로 반 갈라 3cm 길이로 자르고,

04 ___ 팬에 올리브유(1)를 둘러 콜리플라워를 넣고 중간 불에 앞뒤로 노릇하게 구워 식히고,

05 ___ 레몬 드레싱에 고루 버무려 마무리.

닭고기를 아삭하게 튀겨 오렌지 향 풍부한 샐러드와 함께 먹으면 다른 것 필요 없이 그 자체로
풍요로운 한 끼 식사가 만들어져요. 오렌지 대신 계절에 따라 귤이나 자몽을 이용해도 좋아요.

오렌지치킨샐러드

Orange chicken salad

필수 재료 로메인상추(5장), 적양배추(1장), 닭고기(안심=100g), 튀김가루(½컵), 오렌지(1개)
밑간 소금(약간), 후추(약간)
오리엔탈 오렌지드레싱 설탕(0.5)+식초(1)+오렌지주스(4)+간장(1)+참기름(0.2)

01 ___ 로메인상추와 적양배추는 1.5cm 두께로 자르고,

02 ___ 닭고기 안심은 한입 크기로 등분해 소금, 후추로 **밑간**하고,

03 ___ 닭고기에 튀김가루를 고루 묻히고 남은 튀김가루는 찬물(⅓컵)을 넣고 반죽해 닭고기를 적시고,

04 ___ 닭고기를 170℃ 식용유에 노릇하게 튀겨, 10분 후 180℃에 한 번 더 튀기고,

05 ___ 오렌지는 살만 떠내고,

06 ___ 튀간 닭과 손질한 재료를 고루 담고 **오리엔탈오렌지드레싱**을 곁들여 마무리.

이제는 친숙한 음식이 된 '감바스알아히요'예요. 초간단하지만 언제나 맛있는 음식이죠.
분위기를 내고 싶은 날 추천해요. 빵과 같이 먹으면 든든한 한 끼 식사로 충분해요.

감바스알아히요샐러드

G a m b a s   s a l a d

필수 재료 바게트(4쪽), 모둠채소(1줌), 중새우살(1컵), 양송이버섯(3개)
알아히요소스 마늘(5개), 베트남고추(4개), 올리브유(1컵), 월계수잎(1장), 소금(0.3)
발사믹드레싱 발사믹 식초(0.5)+올리브유(1)

01 ___ 양송이버섯은 4등분 하고,

02 ___ 마늘은 납작 썰고, 베트남고추는 잘게 부수고,

03 ___ 팬에 올리브유(1컵), 마늘, 베트남고추, 월계수잎, 소금(0.3)을 넣고 불에 올리고,

04 ___ 기름이 달궈지면 양송이버섯과 새우를 순서대로 넣어 익히고,

05 ___ 그릇에 모두 담고
발사믹 드레싱을 곁들여 마무리.

연어 싫어하는 사람 어디 있나요? 부드러움의 끝판왕 훈제연어 샐러드입니다.
짭조름한 훈제연어와 알싸한 홀스래디시 드레싱은 환상의 궁합이죠. 장미 모양으로
돌돌 말아 올린 연어 샐러드로 식탁에 화사한 꽃을 피워보세요.

훈제연어샐러드

Smoked salmon salad

 FOR 2

필수 재료 양상추(3장), 적양파(¼개), 훈제연어(8쪽), 케이퍼(8개)
홀스래디시 드레싱 홀스래디시(0.3)+마요네즈(3)+레몬즙(1)

01 ___ 양상추는 둥글게 모양을 잡아 자르고,

02 ___ 적양파는 곱게 채 썰어 찬물에 담갔다 건지고,

03 ___ 훈제연어는 돌돌 말아 장미 모양으로 세우고,

04 ___ 양상추, 적양파, 훈제연어를 담고 케이퍼와 **홀스래디시 드레싱**을 보기 좋게 곁들여 마무리.

부드러운 속살을 가진 가지를 큼직하게 구워 양파와 베이컨을 고소하게 볶아
넉넉하게 얹고 요거네즈 드레싱을 얹어 스테이크처럼 잘라먹어요.
고기로 만든 스테이크 못지않게 맛있답니다.

구운가지샐러드

R o a s t e d   e g g p l a n t   s a l a d

필수 재료 가지(2개), 베이컨(4줄), 양파(1개), 이태리파슬리(약간), 페퍼플레이크(약간)
밑간 올리브유(1)+후춧가루(약간)
요거네즈 드레싱 레몬즙(0.5)+다진 마늘(0.2)+마요네즈(4)+생크림요거트(1통)

01___가지는 반 갈라 격자무늬로 칼집을 넣어 고루 **밑간**하고,

02___중간 불에 노릇하게 구워 꺼내고,

03___양파는 소금(약간)으로 간해 잘게 사각 썰고, 이태리파슬리는 채 썰고,

04___팬에 양파를 센 불로 볶다가 잘게 썬 베이컨을 넣고 볶아 기름을 빼고,

05___가지 위에 베이컨과 양파 볶은 것을 얹고 **요거네즈 드레싱**을 넉넉히 뿌린 뒤 파슬리와 페퍼플레이크를 곁들여 마무리.

꼭 화려하고 어려운 요리 할 필요 있나요? 간단하지만 신선한 재료와 맛있는 양념으로 뚝딱 만든 맛있는 샐러드에요. 새우와 아스파라거스의 조합이 예술이에요.

새우아스파라거스샐러드

S h r i m p   a s p a r a g u s   s a l a d

필수 재료 새우살(중간 크기 2컵), 아스파라거스(8개), 레몬(1쪽)
새우양념 고운 고춧가루(0.1)+소금(0.2)+파슬리가루(약간)+양파즙(3)+레몬즙(1)+다진 마늘(0.3)+올리브유(1)
　　　　　+후춧가루(약간)
양념 버터(1)

01＿＿ 껍질을 벗긴 새우살에 **새우양념**을 넣고 고루 버무리고,

02＿＿ 아스파라거스는 밑동의 질긴 섬유질을 벗기고,

03＿＿ 끓는 물(물3컵+소금 0.3)에 2분간 데친 뒤 버터(0.5)를 두른 팬에 1분간 볶아 꺼내고,

04＿＿ 같은 팬에 다시 버터(0.5)를 넣고 새우를 넣어 노릇하게 익을 때까지 볶고,

05＿＿ 아스파라거스와 새우를 담고 레몬을 곁들여 마무리.

크리스마스 리스는 행운을 불러준다고 해요. 크리스마스 파티에 빠져서는 안 될 필수 음식이 되겠죠? 이 샐러드를 먹고 우리에게도 행운이 오면 좋겠어요.

크리스마스리스샐러드

Christmas wreath salad

필수 재료 방울토마토(8개), 어린잎채소(70g), 리코타치즈(½컵)
선택 재료 아보카도(½개), 블랙올리브(3개)
발사믹 드레싱 설탕(1)+다진 양파(4)+올리브유(6)+발사믹(4)

01 ___ 방울토마토는 반으로 자르고,

02 ___ 아보카도는 주사위 모양으로 썰고,

03 ___ 흰 접시에 둥글게 리스 모양으로 어린잎채소, 토마토, 아보카도를 돌려 담고,

04 ___ 올리브와 리코타 치즈를 눈처럼 올리고 **발사믹 드레싱**을 곁들여 마무리.

PART
03

초간단
샐러드

핑거푸드로 사용할 수 있는 간단한 샐러드예요. 다진 양파를 넉넉히 넣어야 맛있어요.
간단한 술안주로도 좋고, 식전 음식으로 준비해도 예쁜 모습에 시선 집중이에요.

오이게살샐러드

Cucumber crab meat salad

필수 재료 청오이(1개), 게맛살(3줄), 딜(약간)
어니언마요 드레싱 레몬즙(0.3)+다진 양파(3)+마요네즈(3)+백후추(약간)

01___ 청오이는 가능한 두꺼운 것으로 골라 필러로 중간중간 긁어 세로로 줄을 만들고,

02___ 2cm 두께로 둥글게 썰어 가운데를 둥글게 파고,

03___ 게맛살은 잘게 다져 **어니언마요 드레싱**으로 버무리고,

04___ 오이 위에 게맛살샐러드를 채우고 딜을 조금씩 얹어 마무리.

사람들이 가장 좋아하고 자주 즐겨 먹는 샐러드 중의 하나죠. 단순한 재료로 만들어졌지만
자꾸 손이 가는 샐러드예요. 차게 먹으면 더 맛있고 반나절 정도 숙성해 먹으면
맛이 더욱 깊어져요.

코울슬로샐러드

Coleslaw salad

필수 재료 양배추(1/8통), 당근(1/6개), 양파(1/4개)
레몬드레싱 설탕(1)+소금(약간)+레몬주스(2)+우유(2)+마요네즈(3)+후춧가루(약간)

01 ___ 양배추는 곱게 채 썰고,   02 ___ 당근도 곱게 채 썰고,   03 ___ 양파는 잘게 다지고,

04 ___ 레몬드레싱과 버무려 냉장실에 2시간 두어 마무리.

두 가지 색의 올리브를 치즈와 함께 버무린 샐러드예요. 치아바타나 바게트와도 잘 어울리지만 볶음밥과 먹어도 맛있답니다.

올리브샐러드

O l i v e   s a l a d

필수 재료 페타치즈(30g), 바질(3장), 그린올리브(12개), 블랙올리브(6개), 치아바타(1개)
갈릭 드레싱 올리브유(2)+다진 마늘(0.3)+다진 양파(2)+파르메산 치즈가루(1)

01___ 페타치즈는 적당히 부수고,

02___ 바질은 채 썰고,

03___ 올리브는 체에 밭쳐 물기를 충분히 빼고,

04___ 치아바타는 길게 1cm 폭으로 썰어 토스터에 노릇하게 굽고,

05___ 그릇에 치아바타를 담고 손질한 재료를 **갈릭 드레싱**과 고루 버무려 곁들여 마무리.

알록달록 다양한 색의 샐러드도 멋지지만, 비슷한 색을 가진 재료를 이용한 샐러드도 세련된 느낌을 준답니다. 시원한 오이와 고소한 아보카도가 만나는 맛의 조합. 궁금하지 않으세요?

아보카도오이샐러드

A v o c a d o   s a l a d

필수 재료 아보카도(2개), 이태리파슬리(약간), 오이(½개)
아보카도 드레싱 으깬 아보카도(1개)+소금(약간)+레몬즙(1)+마요네즈(3)+플레인요거트(3)

01 아보카도는 잘 숙성된 것으로 준비해 한 개는 작은 사각형 모양으로 썰고,

02 나머지 한 개는 포크로 고루 으깨고,

03 파슬리는 곱게 채 썰고, 오이는 아보카도와 같은 크기로 썰고,

04 으깬 아보카도에 나머지 드레싱 재료를 섞어 **아보카도 드레싱**을 만들고,

05 아보카도 드레싱에 깍둑 썬 아보카도와 오이, 파슬리를 넣고 고루 섞어 마무리.

제가 가장 좋아하는 샐러드예요. 다진 앤초비의 향이 살아 있는 묵직하고 진한 드레싱이
샐러드 맛의 핵심이죠. 만들기 복잡해서 포기했었다면 걱정 마세요. 초간단 드레싱을 소개합니다.

시저샐러드

Caesar salad

필수 재료 로메인상추(100g), 베이컨(3줄), 적양파(¼개), 바게트(10cm), 그라노파다노치즈(약간)
시저드레싱 마요네즈(3)+앤초비(1쪽)+다진양파(1)+파르메산 치즈가루(1)+다진 마늘(0.2)+후춧가루(약간)

01 로메인상추는 먹기 좋게 등분하고,

02 적양파는 채 썰어 찬물에 담갔다 건지고,

03 베이컨은 1cm 폭으로 잘라 팬에 노릇하게 볶아 기름을 빼고,

04 바게트는 길게 잘라 올리브유(1)를 두른 팬에 노릇하게 굽고,

05 **시저드레싱** 재료를 고루 섞어 로메인상추, 양파와 버무리고,

06 그릇에 담아 베이컨을 얹고 치즈를 갈아서 뿌린 뒤 구운 바게트를 곁들여 마무리.

꾹진~한 노른자와 짭조름한 베이컨이 어우러진 맛에 멋스러운 비주얼로 한 번 더 감동!
간편한 간식으로도, 퇴근 후 맥주 한 잔과 즐기는 가벼운 술안주로도 안성맞춤이에요.

베이컨에그샐러드

B a c o n - e g g   s a l a d

필수 재료 달걀(3개), 베이컨(3줄), 실파 또는 차이브(2줄기), 파프리카 파우더(0.1)
머스터드마요 드레싱 설탕(0.3)+마요네즈(2)+머스터드(0.5)+물기 짠 다진 양파(2)+후추(약간)+파슬리가루(약간)

01 달걀은 완숙으로 13분 삶아 식혀 껍질을 벗기고 반으로 가르고,

02 노른자만 꺼내 곱게 으깨고,

03 베이컨은 1cm 폭으로 잘게 썰어 팬에 노릇하게 볶아 기름을 빼고,

04 노른자에 베이컨 ½과 **머스터드마요 드레싱** 재료를 모두 섞고,

05 달걀흰자 위에 푸짐하게 올리고,

06 실파 또는 다진 차이브, 베이컨 남은 것, 파프리카 파우더를 약간씩 뿌려 마무리.

시금치는 데쳐서 무치거나 국으로만 드셨나요? 센 불에 살짝 볶아 고소함을 살려낸 뒤
진한 맛의 드레싱과 함께 샐러드를 만들어보세요.
알감자와 고소한 시금치의 조합이 놀랄 정도로 잘 어울려요.

알감자시금치샐러드

Potato spinach salad

필수 재료 알감자(5개), 양파(¼개), 시금치(150g)
허니핑크 드레싱 소금(0.2)+식초(1.5)+꿀(1)+케첩(1)+플레인요거트(2)+올리브유(4)

01 알감자는 반으로 갈라 끓는 소금물(물2컵+소금0.3)에 ⅔ 정도 익혀 꺼내고,

02 양파는 곱게 채 썰어 찬물에 담갔다 건지고,

03 팬에 올리브유(1)를 두르고 중간 불에 알감자를 앞뒤로 노릇하게 구워 꺼내고,

04 시금치를 센 불에 살짝 볶아 꺼내고,

05 그릇에 시금치, 알감자를 담고 **허니핑크 드레싱**을 끼얹은 뒤 양파를 얹어 마무리.

푸짐하게 만들어서 매운 음식을 먹을 때 같이 먹으면, 매운맛도 중화되고, 샐러드는 더욱
고소하고 달콤하게 즐길 수 있어요. 어린아이들부터 어른들까지 모두 좋아하는 샐러드랍니다.

햄마카로니샐러드

Ham macaroni salad

필수 재료 마카로니(1컵), 통조림 옥수수(⅓컵), 청오이(½개), 햄(100g), 양파(¼개)
레몬마요 드레싱 소금(0.2)+레몬즙(1.5)+마요네즈(½컵)+후춧가루(약간)

01___ 끓는 물에 소금을 넣고 마카로니를 삶아 건져 물기를 빼고,

02___ 옥수수는 체에 밭쳐 물기를 빼고,

03___ 청오이와 햄, 양파는 옥수수알 크기로 깍둑 썰고,

04___ 모든 손질한 재료에 **레몬마요 드레싱**을 고루 버무려 마무리.

바질페스토로 버무린 아보카도 새우 샐러드는 세련되고 고급스러운 맛을 내줘요.
살짝 양념해서 노릇하게 구운 새우는 누구나 좋아할 맛이죠. 투명한 컵에 담아
손님 접대에 사용해도 멋지답니다.

아보카도새우컵샐러드

A v o c a d o   s h r i m p   c u p   s a l a d

필수 재료 아보카도(1개), 칵테일 새우(12마리), 레몬(½개), 고수(약간)
바질페스토소스 바질페스토(2)
새우 양념 칠리파우더(0.2), 파르메산 치즈가루(0.3), 소금(약간), 올리브유(1)

01 ___ 아보카도는 숟가락으로 과육만 떠내 깍둑 썰고,

02 ___ **바질페스토소스**와 아보카도를 고루 버무리고,

03 ___ 칵테일새우는 **새우 양념**에 고루 버무려 팬에 노릇하게 굽고,

04 ___ 레몬은 길게 4등분하고,

05 ___ 컵에 아보카도, 구운 새우, 레몬을 보기 좋게 담고 고수 잎으로 장식하여 마무리.

브로콜리 하면 왜 초장만 생각할까요? 짭짤한 치즈를 뿌린 브로콜리 샐러드 한번 맛보면 새로운 매력에 빠진답니다. 깊고 진한 맛의 브로콜리를 느껴 보세요.

브로콜리치즈샐러드

Broccoli cheese salad

필수 재료 브로콜리(1개), 양파(½개), 베이컨(3줄), 슈레드 체다치즈(½컵)
양념 설탕(2)+소금(0.2)+식초(3)

01___ 브로콜리는 한입에 먹기 좋게 등분한 뒤, 끓는 소금물(물3컵+소금0.3)에 파랗게 데쳐 찬물에 식혀 물기를 빼고,

02___ 양파는 찬물에 담가 채 썰고,

03___ 베이컨은 잘게 썰어 중간 불에 노릇하게 팬에 볶아 기름을 빼고,

04___ 모든 손질한 재료에 **양념**을 섞어 버무리고,

05___ 그릇에 담고 치즈를 고르게 뿌려 마무리.

이탈리아에서 '미녀의 콩'이라고 불리는 흰강낭콩!
흰강낭콩은 체중 감량이나 혈당, 콜레스테롤을 낮추는데 탁월한 효과가 있다고 해요.
고소하고 담백한 한 끼로 건강까지 톡톡히 챙기세요.

흰강낭콩베이컨샐러드

White bean bacon salad

필수 재료 흰강낭콩(1컵), 베이컨(6줄), 양파(½개), 이탈리안파슬리(약간)
오일 드레싱 설탕(1)+소금(0.2)+식초(3)+올리브유(3)

01 ___ 흰강낭콩은 하루 전날 씻어 불리고,

02 ___ 끓는 물(5컵)에 소금(1)을 넣고 익을 때까지 약 10분간 삶아 꺼내고,

03 ___ 양파는 굵게 다지고, 이탈리안파슬리도 다지고,

04 ___ 베이컨은 2cm 길이로 잘라 팬에 노릇하게 볶아 기름기를 빼고,

05 ___ 양파에 **오일 드레싱**을 고루 섞고,

06 ___ 그릇에 강남콩, 베이컨을 넣고 오일 드레싱을 고루 섞어 쪽파를 뿌려 마무리.

통조림 참치와 마요네즈, 오이의 조합은 말로 설명할 필요가 없죠. 아삭하고 시원한 식감과 고소한 맛에 끌려 자꾸 손이 가요. 부드러운 모닝빵 사이에 곁들이면 어릴 적 추억의 맛도 느낄 수 있답니다.

캔참치오이샐러드

Can tuna cucumber salad

필수 재료 통조림 참치(1캔), 양파(¼개), 오이(1개)
양념 소금(0.2)
머스터드 드레싱 마요네즈(4)+홀그레인머스터드(1)

01 ___ 통조림 참치는 체에 밭쳐 물기를 빼고,

02 ___ 양파는 잘게 사각 썰어 찬물에 담아 가볍게 흔들어 헹궈 건져 물기를 빼고,

03 ___ 오이는 얇고 둥글게 썰어 소금(0.2)에 20분간 절여 물기를 꼭 짜고,

04 ___ 머스터드 드레싱에 모두 고루 섞어 마무리.

구우면 더 단맛이 나는 단호박이 어린 시금치와 만나면 화려한 색감은 물론
고소함이 두 배가 되죠. 가볍게 먹기 좋고 밥 반찬으로도 좋은 샐러드예요.

단호박시금치샐러드

Sweet pumpkin spinach salad

필수 재료 단호박(100g), 시금치(2줌), 호두(5개), 잣(0.5), 페타치즈(30g)
허니발사믹 드레싱 발사믹식초(2)+올리브유(3)+꿀(0.3)+후춧가루(약간)

01 단호박은 껍질째 5mm 두께로 얇게 썰고, 시금치는 깨끗이 씻어 두꺼운 줄기는 자르고,

02 팬에 식용유(2)를 넉넉하게 둘러 노릇하게 굽고,
Tip 오븐에 굽거나 에어프라이어에 구워 사용해도 좋아요

03 호두와 잣은 살짝 볶고,

04 페타치즈는 가볍게 부수고,

05 모든 재료를 보기 좋게 담고 **허니발사믹 드레싱**을 곁들여 마무리.

치킨을 먹을 때 없으면 서운한 바로 그 샐러드. 간단한 간식이나 아침 식사로도 손색 없어요.
상큼한 레몬주스가 더해져 깔끔하고 고급스러운 맛을 느낄 수 있답니다.

콘샐러드

C o r n   S a l a d

필수 재료 통조림 옥수수(1컵), 붉은 파프리카(⅓개), 양파(¼개), 청오이(3cm)
레몬 드레싱 설탕(1)+소금(약간)+레몬즙(1)+마요네즈(3)

01 ___ 통조림 옥수수는 체에 밭쳐 물기를 빼고,

02 ___ 붉은 파프리카와 양파는 옥수수 알 크기로 썰고,

03 ___ 청오이는 세로로 열십자로 갈라 안쪽의 씨 부분을 빼고 옥수수 알 크기로 썰고,

04 ___ 레몬 드레싱에 모든 재료를 넣고 고루 섞어 마무리.

알록달록 컬러가 예쁜 방울토마토에 보코치니를 더하고
아스파라거스를 구워 곁들여보세요.
화려한 그림이 접시 위에 펼쳐질 거예요.

아스파라거스토마토샐러드

Asparagus salad

필수 재료 아스파라거스(10대), 컬러 방울토마토(10개), 모차렐라 보코치니(8개)
양념 소금(0.1), 후춧가루(약간)
바질 드레싱 소금(0.2)+레몬즙(2)+다진 바질(2)+다진 마늘(0.3)+올리브유(2)+꿀(0.5)+후춧가루(약간)

01 아스파라거스 밑동의 껍질을 필러로 벗기고,

02 방울토마토는 반으로 가르고,

03 팬에 올리브유(1)을 둘러 아스파라거스가 노릇하게 색이 변할 때까지 볶아 소금(0.1), 후춧가루(약간)로 간하고,

04 그릇에 구운 아스파라거스를 담고 방울토마토, 모차렐라를 얹은 뒤 **바질 드레싱**을 곁들여 마무리.

향 좋은 어린 루꼴라에 토마토를 곁들이면 맛과 향의 조합이 훌륭한 맛있는 샐러드가 만들어지죠.
초간단 드레싱에 파르메산 치즈가루만 더해 재료 본연의 신선함과 맛을 즐겨보세요.

베이비루꼴라토마토샐러드

B a b y   a r u g u l a   t o m a t o   s a l a d

필수 재료 베이비루꼴라(2줌), 방울토마토(5개), 파르메산 치즈(30g), 레몬(½개)
어니언 드레싱 소금(0.1)+다진 양파(2)+올리고당(0.5)+올리브유(2)+통후추 간 것(약간)

01 ___ 방울토마토는 반으로 가르고,

02 ___ 베이비루꼴라와 방울토마토를 **어니언 드레싱**에 고루 버무리고,

03 ___ 파르메산 치즈를 얇게 썰어 얹고 레몬을 곁들여 마무리.

TIP

토마토가 남았어요! **토마토 잼**

필수 재료 토마토(1kg), 설탕(800g), 레몬(1개)

1. 토마토는 열십자로 칼집을 넣어 끓는 물에 데쳐 껍질을 벗긴 뒤 칼로 적당히 등분하고.
2. 냄비에 토마토와 설탕을 넣고 불을 켠 뒤 설탕이 녹을 때까지 뒤적이며 끓이고.
3. 중 불로 가끔 저어가며 계속 농도가 생길 때까지 졸이고.
   Tip 약간 덜 졸여 빙수토핑으로 사용해도 좋아요.
4. 레몬즙을 짜 넣고 더 졸여 약간 묽다 싶은 농도가 되면 불을 끄고.
   Tip 찬물에 한 방울 떨어뜨려 퍼지지 않을 때까지 졸여요.
   Tip 레몬즙을 넣어주면 향과 맛 뿐 아니라 보존성도 좋아져요.
5. 깨끗이 소독한 병에 뜨거울 때 90%까지 채우고 뚜껑을 닫아 뒤집어 식혀 마무리.

옥수수를 볶아 만든 멕시칸 콘샐러드예요. 매콤한 할라피뇨와 고수가 듬뿍 들어가 매콤하고 이국적인 향이 물씬 풍겨요. 나초칩이나 토르티야, 양상추 등에 싸 먹어도 맛있답니다.

멕시칸스트리트콘샐러드

Mexican street corn salad

필수 재료 양파(½개), 할라피뇨(1개), 고수(1줌), 통조림 옥수수(2컵), 올리브유(3), 라임(½개)
칠리갈릭 드레싱 칠리파우더(약간)+다진마늘(0.3)+마요네즈(3)

01 ___ 양파와 할라피뇨는 잘게 사각 썰고,

02 ___ 고수는 1cm 폭으로 자르고,

03 ___ 통조림 옥수수는 체에 밭쳐 물기를 뺀 뒤 팬에 올리브유(3)를 두르고 볶고,

04 ___ **칠리갈릭 드레싱**에 할라피뇨, 양파, 고수를 넣고 고루 섞고,

05 ___ 볶은 옥수수와 버무린 뒤 라임즙을 뿌려 섞어 마무리.
Tip 코티지 치즈를 부숴 곁들여도 좋아요

건강을 위해서만 드셨다면 이제 맛을 생각해서 케일로 샐러드를 만들어보세요.
간단한 재료지만 케일 특유의 고소함이 느껴지는 샐러드예요.
잎이 강한 케일을 잘게 자르는 게 맛을 내는 비결이랍니다.

케일샐러드

Kale salad

필수 재료 케일(12장), 아몬드 슬라이스($\frac{1}{4}$컵), 파르메산 치즈가루(3)
메이플 드레싱 식초(2)+올리브유(2)+메이플시럽(1)+소금(약간)+후추(약간)

01 ___ 케일을 깨끗이 씻어 1cm 폭으로 자르고,

02 ___ 메이플 드레싱을 넣고 고루 섞고,

03 ___ 팬에 아몬드 슬라이스를 볶고,

04 ___ 그릇에 담고 파르메산 치즈가루를 뿌려 마무리.

양상추를 큼직하게 각이 살게 잘라서 사용한 샐러드예요. 모양이 마치 얼음이 깨져 떨어져 나온 덩어리처럼 보여 아이스버그라는 이름이 붙여졌어요. 다른 필수 재료와 함께 넉넉하고 볼륨감 있게 담아주세요.

아이스버그웨지샐러드

Iceberg wedge salad

필수 재료 삶은 달걀(1개), 차이브(1줄기), 방울토마토(5개), 베이컨(3줄), 양상추(¼개), 슈레드 파마산치즈(¼컵)
요거네즈 드레싱 소금(0.2)+식초(1.5)+우유(3)+마요네즈(1)+플레인요거트(¼컵)+사워크림(3)+꿀(0.5)

01 삶은 달걀은 슬라이서로 잘라 4등분하고,

02 차이브는 잘게 송송 썰고, 방울토마토는 반으로 자르고,

03 베이컨은 2cm 길이로 잘라 팬에 볶아 키친타월에 밭쳐 기름을 빼고,

04 접시에 양상추를 통으로 담고 방울토마토를 돌려 담고,

05 달걀, 베이컨을 위에서부터 얹어 자연스럽게 흘러내리게 하고, **요거네즈 드레싱**을 뿌리고 치즈, 차이브를 올려 마무리.

친숙한 세 가지 버섯을 모두 구워 함께 버무렸어요. 버섯 각각의 풍미와 향이 그대로 살아 있죠.
치즈와 함께 빵 위에 얹어 먹어도, 파스타를 삶아 버무려 먹어도 맛있답니다.

모둠버섯샐러드

M u s h r o o m   s a l a d

필수 재료 애느타리버섯(80g), 생표고버섯(4개), 양송이버섯(4개), 베트남고추(3), 마늘(5쪽), 그라나파다노치즈(약간)
양념 소금(0.3), 부순 통후추(약간), 올리브유(2)

01___ 애느타리버섯은 낱낱이 가르고, 생표고 버섯은 채 썰고, 양송이버섯은 모양을 살려 도톰하게 썰고,

02___ 베트남고추는 잘게 부수고, 마늘은 납작 썰고, 통후추는 칼 옆으로 눌러 굵게 부수고,

03___ 센 불로 달군 팬에 버섯을 볶아 꺼내 식히고,

04___ 약 불의 팬에 올리브유(2)를 둘러 베트남 고추로 향을 낸 뒤 마늘을 넣고 노릇하게 굽고,

05___ 불을 끈 뒤 볶은 버섯을 넣고 고루 섞으며 소금, 부순 통후추로 간하고,

06___ 그릇에 담고 그라나파다노치즈를 갈아 얹어 마무리.

그동안 참치를 왜 김에만 먹었죠? 이제 배와 오이랑 같이 먹어보세요. 깔끔하고 상큼하게 즐길 수 있어요.
참치회샐러드에 솔 한잔 곁들이면 속쓰림 없는 깔끔한 술상이 완성됩니다.

참치회샐러드

T u n a   s a l a d

필수 재료 블록참치(150g), 배(¼개), 오이(⅓개)
양념장 설탕(0.5)+고춧가루(0.5)+레몬즙(1)+식초(0.7)+다진 마늘(0.2)+고추장(1.5)+참기름(0.3)+참깨(0.1)

01___ 참치는 5mm두께로 직사각형으로 썰고,

02___ 배는 참치와 비슷한 크기로 썰고,

03___ 오이는 어슷 썰고,

04___ 참치, 배, 오이를 약간 세우듯이 겹쳐 담고 **양념장**을 곁들여 마무리.

세상에는 다양한 무가 있죠. 그중에 네 가지 종류의 무가 만났어요. 각각의 맛과 색의 조화가 상차림을 화사하게 만들어 줘요.

4색무샐러드

W h i t e   r a d i s h   s a l a d

필수 재료 당근(100g), 무(100g), 비트(100g), 래디시(2개), 초록 잎(1~2개)
오일 드레싱 설탕(1)+소금(0.3)+식초(3)+식용유(3)

01___ 당근, 무, 비트는 모두 고운 채로 썰어 찬물에 담갔다 건지고,

02___ 래디시는 얇게 슬라이스해서 찬물에 담갔다 건지고,

03___ 당근과 무, 비트를 순서대로 쌓듯이 올리고 래디시를 고루 얹고,

04___ 먹기 직전 **오일 드레싱**과 초록잎 장식을 올려 마무리.

PART
04

밥반찬
샐러드

시원한 무의 맛을 매콤하게 살린 무생채예요. 한식 밥상에서 밥이나 면에 곁들여도 좋고,
보리밥이나 잡곡밥에 고추장을 함께 넣고 비벼 먹어도 그만이에요.

매콤무생채

Spicy daikon salad

필수 재료 무(150g), 절임용 소금(0.3), 쪽파(2대)
양념 설탕(0.3)+고춧가루(0.7)+멸치액젓(0.5)+다진 파(0.4)+다진 마늘(0.2)+다진 생강(0.1)+참깨(0.2)

01 ___ 무는 7cm 길이, 4mm 굵기로 채 썰고,
Tip 길이로 토막을 친 뒤 길 방향으로 채 썰면 길이가 일정해지고, 섬유질이 살아 있어 씹는 질감도 아삭거려요.

02 ___ 소금을 고루 버무려 20분간 두고,

03 ___ 쪽파는 3cm 길이로 자르고,

04 ___ 절인 무의 물기를 가볍게 짠 뒤 **양념**을 넣고 고루 버무리고,

05 ___ 쪽파를 넣고 가볍게 한 번 더 버무려 마무리.

갑자기 한식 샐러드가 필요할 때, 금방 만들어낼 수 있으면서 상차림에 화려한 느낌을 준다면 더할 나위 없겠죠? 부추의 아작거림과 사과의 사각거림이 절묘하게 어울려요.

영양부추사과샐러드

Chives apple salad

필수 재료 영양부추(50g), 양파(¼개), 빨간 사과(½개)
양념 설탕(0.7)+고운 고춧가루(0.1)+소금(0.2)+식초(2)+식용유(3)

01 ___ 영양부추는 4cm 길이로 등분하고,

02 ___ 양파는 곱게 채 썰어 찬물에 담가 가볍게 흔들어 헹궈 건져 물기를 빼고,

03 ___ 섞기 직전 빨간 사과를 껍질째 곱게 채 썰고,

04 ___ 먹기 직전 부추, 양파, 사과를 고루 섞어 **양념**에 가볍게 버무려 마무리.

향긋한 미나리의 향이 그대로 전해져 입맛을 살려주는 샐러드예요. 쇠고기나 돼지고기에 곁들이면 훌륭한 샐러드가 됩니다.

돌미나리무침

W a t e r   p a r s l e y   s a l a d

필수 재료 돌미나리(100g), 양파(¼개), 붉은 고추(½개)
양념장 설탕(1)+고춧가루(1)+식초(1.5)+다진 마늘(0.3)+고추장(3)+참기름(0.3)+참깨(0.2)

01___ 돌미나리는 마디 부분을 깨끗이 다듬은 뒤 4cm 길이로 자르고,

02___ 양파는 4mm 폭으로 채 썰고,

03___ 붉은 고추는 세로로 반 갈라 씨를 뺀 뒤 가로로 눈썹 모양으로 썰고,

04___ 손질한 재료를 그릇에 담고 **양념장**에 가볍게 버무려 마무리.

향긋한 참나물에 양파의 아삭함이 더해져 먹으면서 기분이 좋아지는 요리죠.
생선구이와 곁들이면 더욱 잘 어울리고요.
필수 재료는 간단하지만, 입안에서 퍼지는 풍미는 가득합니다.

참나물양파샐러드

C h a m n a m u l   o n i o n   s a l a d

필수 재료 참나물(100g), 적양파(¼개)
세서미오일 드레싱 설탕(0.7)+소금(0.2)+식초(2)+참기름(1)+식용유(2)+참깨(0.3)

01 ___ 참나물은 여린 것으로 준비해 굵은 줄기는 잘라내고 4cm 길이로 자르고,

02 ___ 적양파는 곱게 채 썬 뒤 찬물에 담가 가볍게 흔들어 헹궈 건져 물기를 빼고,

03 ___ 세서미오일 드레싱을 먹기 직전 가볍게 버무려 마무리.

TIP

향긋한 참나물이 많이 남았다면 조금 더 고급스럽게

참나물 두부볼 샐러드

필수 재료   참나물(2줌), 두부(½모), 감자전분(3), 적양파(¼개)
양념   감자전분(1.5)+소금(0.2)+통깨(0.2)+참기름(0.3)
드레싱   설탕(0.7)+소금(0.2)+식초(2)+참기름(1)+식용유(2)+통깨(0.3)

1. 참나물 ⅔는 끓는 물(3컵)에 소금(0.3)을 넣고 파랗게 데쳐 찬물에 헹궈 쫑쫑 썰어 물기를 꼭 짜고.
2. 두부는 곱게 으깨 물기를 꼭 짠 뒤 참나물, **양념**을 넣고 지름 3cm 두부볼을 만들고.
3. 두부볼에 감자전분을 고루 묻힌 뒤 넉넉한 기름에 노릇하게 튀기거나 굴려가며 굽고.
4. 남은 참나물 ⅓을 4cm 길이로 썰고, 적양파는 채 썰어 찬물에 담갔다 빼고.
5. 접시에 참나물, 적양파를 담고 두부볼을 얹은 뒤 **드레싱**을 곁들여 마무리.

오이와 부추는 그야말로 궁합이 최고예요. 살짝만 절여 아삭함이 살아 있는 오이에,
간단하게 양념만 넣고 버무리면 밥 한 공기 뚝딱은 순식간이랍니다.

오이부추겉절이

Cucumber chives kimchi

필수 재료 백오이(1개), 절임용 소금(0.2), 부추(15g)
양념 고춧가루(0.7)+설탕(0.2)+멸치액젓(0.5)+다진 마늘(0.3)+다진 생강(0.1)

01___ 오이는 3cm로 토막 친 뒤 세로로 6등분하여 안쪽 씨를 잘라내고, 소금에 고루 버무려 10분간 절여 체에 밭쳐 물기를 빼고,

02___ 부추는 오이 길이로 자르고,

03___ 오이에 고춧가루를 넣고 버무려 색을 낸 뒤 나머지 **양념**을 넣고 버무리고,

04___ 부추를 넣고 한 번 더 가볍게 버무려 마무리.

아작아작한 배추를 살짝 절여서 겉절이 양념에 버무리다 보면 입안에 저절로 침이 고여요. 진한 양념으로 버무려진 겉절이는 밥에도 잘 어울리지만 고기요리에도 최고예요. 한국인 필수 샐러드죠?

배추부추겉절이

Cabbage kimchi

필수 재료 배추(300g), 쪽파(2대), 부추(20g), 절임 소금(2)
찹쌀풀 물(⅓컵)+찹쌀가루(0.3)
양념장 설탕(0.5)+고춧가루(4)+멸치액젓(2.5)+다진 마늘(0.5)+다진 생강(0.2)
양념 참기름(0.3), 참깨(0.3)

01 찬물과 찹쌀가루를 고루 섞어 전자레인지에 1분간 돌려 **찹쌀풀**(4)을 만들어, **양념장**과 섞고,

02 배추는 깨끗이 씻어 세로로 2~3cm 간격으로 칼집을 넣어 가른 뒤 소금에 버무려 20분간 절이고,

03 쪽파와 부추는 3cm 길이로 자르고,

04 절인 배추는 찬물에 헹군 뒤 물기를 없애고,

05 찹쌀풀 양념장에 배추와 부추, 쪽파를 넣고 고루 버무리고,

06 **양념**을 뿌리고 한 번 더 버무려 마무리.

냉장고에 필수 재료 중의 하나인 애호박은 올리브유와도 잘 어울려요. 살짝만 구워 먹어도 달큰하고 고소하죠. 구운 애호박 위에 크림치즈와 다양한 필수 재료가 더해지면 근사한 핑거 샐러드가 완성된답니다.

애호박샐러드

Green pumpkin salad

필수 재료 애호박(1개), 방울토마토(5개), 적양파(½개), 쪽파(1대), 크림치즈(3), 통후추(약간)
레몬 드레싱 소금(0.1)+레몬즙(1)+올리브유(2)

01 애호박은 1cm 두께로 도톰하게 동글 썰고,

02 방울토마토는 2~4등분하고,

03 적양파는 곱게 채 썰어 찬물에 담갔다 건지고, 쪽파는 송송 썰고,

04 애호박은 올리브유를 두르고 앞뒤로 노릇하게 굽고,

05 구운 애호박에 크림치즈를 중앙에 얹고,

06 적양파와 방울토마토를 얹고 **레몬 드레싱**을 뿌린 뒤 쪽파를 얹고 통후추를 갈아 마무리.
Tip 작은 잎을 장식을 하면 더 예뻐요

결결이 부드럽게 손질한 더덕을 먹기 좋게 찢어서 고소한 드레싱으로 버무렸어요.
더덕을 구이로만 즐겼다면 색다른 맛의 매력에 놀랄 거예요. 고소한 맛의 더덕 샐러드입니다.

더덕샐러드

D u d e o k   s a l a d

필수 재료 더덕(3개), 쪽파(1대), 검은깨(약간)
참깨마요 드레싱 설탕(0.2)+참깨가루(0.2)+소금(약간)+식초(0.3)+마요네즈(2)

01 ___ 더덕은 반으로 갈라 밀대로 살살 두드려가며 납작하게 밀고, 결 따라 잘게 찢고,

02 ___ 쪽파는 송송 썰고,

03 ___ **참깨마요 드레싱**과 더덕을 고루 버무린 뒤 쪽파와 검은깨를 올려 마무리.

TIP

또 다른 고급스러운 더덕 샐러드, **섭산삼 샐러드**

필수 재료 더덕(5개), 젖은 찹쌀가루(½컵), 래디시(1개), 모둠채소(1줌), 검은깨(약간)
참깨 드레싱 마요네즈(2)+식초(0.3)+설탕(0.2)+참깨가루(0.2)+소금(약간)

1. 더덕은 반으로 갈라 밀대로 살살 두드려가며 납작하게 밀고.
2. 더덕의 앞뒤로 찹쌀가루를 꼭꼭 눌러가며 묻히고.
3. 넉넉한 기름에 바삭하게 튀기거나 굽고.
   Tip 식성에 따라 설탕을 살짝 뿌려도 좋아요.
4. 래디시는 얇게 동글썰어 찬물에 담갔다 꺼내고.
5. 접시에 채소와 더덕, 래디시를 보기좋게 담고 검은깨를 뿌린 뒤 **참깨 드레싱**을 곁들여 마무리.

짭조롬하게 조린 우엉조림이 있다면 더욱 만들기 간편해요.
고소한 맛이 살아 있는 들깨 드레싱은 모든 필수 재료의 조합에 고급스러움을 더해줘요.
단독으로 먹어도 좋지만 반찬으로 먹으면 한 공기 뚝딱입니다.

우엉샐러드

Burdock salad

필수 재료 청오이(10cm), 당근(50g), 셀러리(1대), 햄(50g), 우엉(20cm)
양념장 설탕(0.5)+간장(2)+맛술(2)+참치액(0.5)+물($\frac{1}{2}$컵)
마요들깨 드레싱 설탕(1)+들깨가루(1.5)+소금(0.1)+식초(1.5)+마요네즈(2)

01 청오이, 당근, 셀러리, 햄은 5cm 길이로 채 썰고,

02 같은 길이로 우엉도 채 썰고, 끓는 물에 우엉을 삶아 건지고, 그 물에 햄도 데치고,

03 우엉은 **양념장**을 넣고 물기 없이 조리고,

04 모든 재료를 **마요들깨 드레싱**에 버무려 마무리.

연근은 조려만 드셨다고요? 살짝 데쳐서 얇게 썰어 샐러드를 만들어보세요.
아삭아삭 새콤 고소하게 씹히는 맛의 새로운 연근을 만날 수 있을 거예요.

연근샐러드

L o t u s   r o o t   s a l a d

필수 재료 연근(100g), 청 피망과 주황 파프리카(각각 ⅙개씩), 양파(⅙개)
양념 소금(0.5)
참깨마요 드레싱 설탕(0.2)+참깨가루(0.2)+소금(약간)+식초(0.3)+마요네즈(2)

01___ 연근은 껍질을 벗긴 뒤 얇게 슬라이스하고,

02___ 끓는 물(3컵)에 소금(0.5)을 넣고 연근을 데쳐 찬물에 헹궈 물기를 빼고,
Tip 연근의 미끈거리는 성분을 씻어내요

03___ 피망, 파프리카, 양파는 잘게 사각 썰고,

04___ 연근에 **참깨마요 드레싱**을 고루 버무린 뒤 잘게 썬 재료를 넣고 한 번 더 버무려 마무리.

바삭하고 고소한 안주용 샐러드에요. 더운 여름 시원한 맥주 한잔이 그리워진다면
냉동실 뱅어포 한 장을 꺼내서 바로 만들어 채소를 곁들이면 멋진 술안주 완성!

뱅어포땅콩샐러드

Dried slices of whitebait salad

필수 재료 뱅어포(1장), 볶은 땅콩(½컵), 당근(30g), 무(50g), 어린잎채소(1줌)
양념 설탕(0.5)
오일 드레싱 식초(1)+올리브유(2)+소금(약간)

01 ___ 뱅어포는 반으로 잘라 팬에 식용유(2)를 두르고 중약 불에서 바삭하게 튀기듯이 굽고

02 ___ 굽자마자 설탕을 솔솔 뿌려 한입 크기로 자르고,

03 ___ 볶은 땅콩은 껍질을 벗긴 뒤 반으로 가르고,

04 ___ 당근과 무는 곱게 채 썰어 찬물에 담갔다 건지고,

05 ___ 어린잎채소와 당근, 무를 고루 섞어 담은 뒤, 땅콩과 뱅어포를 얹고 **오일 드레싱**을 곁들여 마무리.

집에 마땅한 채소는 없고 갑작스럽게 샐러드나 피클이 필요할 때, 냉장고에 오이가 있다면 걱정 뚝! 쉽고 간단하고 빠르게 만들 수 있는 다용도 샐러드예요.

오이양파샐러드

C u c u m b e r   o n i o n   s a l a d

필수 재료 청오이(1개), 적양파(½개)
딜드레싱 설탕(1)+식초(3)+다진 딜(0.3)+소금(약간)+후추(약간)

01___ 청오이는 얇게 4mm 두께로 슬라이스하고,

02___ 적양파는 둥글고 얇게 슬라이스해서 풀고,

03___ 오이와 적양파에 **딜드레싱**을 모두 넣고 설탕이 충분히 녹도록 섞고,

04___ 15분 정도 두었다가 다시 한 번 버무려 마무리.

방울토마토겉절이

Tomato kimchi

필수 재료 방울토마토(15개), 부추(15g)
양념장 고춧가루(0.7)+설탕(0.2)+멸치액젓(0.5)+다진 마늘(0.3)+다진 생강(0.1)

01 __ 방울토마토는 반으로 가르고,

02 __ 부추는 3cm 길이로 자르고,

03 __ 양념장을 만들고,

04 __ 방울토마토를 넣고 고루 버무린 뒤 부추를 넣고 한 번 더 버무려 마무리.

애매하게 먹고 남은 두부가 처치 곤란이라고요? 그렇다면 녹말 옷을 튀겨보세요.
식어도 맛있는 튀긴 두부에 매콤함을 살린 채소와 드레싱이 어우러져 손을 멈출 수가 없어요.

두부파채샐러드

Tofu green onions salad

필수 재료 두부(1모), 녹말가루(½컵), 대파 흰 부분(8cm 2대), 청양고추(1개), 붉은 고추(½개), 모둠채소(2줌)
오리엔탈 드레싱 설탕(1)+식초(1.5)+간장(2)+물(3)+후추(0.1)+참기름(0.5)

01___ 두부는 직사각형으로 도톰하게 썰어 물기를 제거한 뒤 소금으로 간해 겉에 녹말가루를 고루 묻히고,

02___ 팬에 기름을 두르고 두부를 앞뒤로 바삭하게 굽고,

03___ 대파 흰 부분은 곱게 채 썰어 찬물에 담갔다 건지고,

04___ 청양고추와 붉은 고추는 얇게 동글 썰고,

05___ 그릇에 모둠채소를 담고 두부, 파채, 고추 순으로 올린 뒤 **오리엔탈 드레싱**을 뿌리거나 곁들여 마무리.

징징징징 젓가락을 돌려 낫또에 실을 내서 간단한 양념과 달걀로만 순식간에 건강식이 만들어져요.
밥 위에 얹어 먹어도, 김에 먹어도, 뜨겁게 데운 순두부와 함께 먹어도 맛있어요.

낫또샐러드

N a t t o   S a l a d

필수 재료 낫또(1개), 쪽파(2대), 슬라이스 래디시(1장), 달걀노른자(1개)
소스 간장(0.3), 겨자(0.1)

01 낫또는 동봉된 **소스**를 모두 넣어 젓가락으로 많이 저어 실을 내고,

02 쪽파는 송송 썰고, 래디시는 채 썰고,

03 그릇에 담고 중앙에 달걀노른자, 넉넉한 양의 쪽파와 래디시를 얹어 마무리.

TIP

낫또김치비빔밥

재료 밥(1공기), 낫또(1팩), 숙성된 배추김치(1컵), 쪽파(2대), 달걀(1개)
낫또양념 간장(0.3)+설탕(0.1)+연겨자(0.1)
김치양념 참기름(0.3)+설탕(0.1)+통깨(0.1)

1. 달걀은 흰자와 노른자를 분리하고,
2. 낫또는 **낫또양념**을 넣고 20회 이상 저어 끈기를 만들어 달걀흰자를 섞어 다시 젓고,
3. 김치는 잘게 송송 썰어 **김치양념**과 버무리고, 쪽파는 송송 얇게 썰고,
4. 밥을 그릇에 편편하게 깔고 김치, 낫또와 쪽파를 올리고, 중앙에 달걀노른자를 얹어 마무리.
Tip 고루 섞어 김에 싸먹어도 맛있어요.

어떤 요리에 곁들여도 잘 어울리는 하얗고 깔끔한 무생채예요. 매콤한 맛이 돌아 입안을 개운하게 해주는 음식이 필요할 때 다른 고민을 할 필요가 없어요.

할라피뇨무생채

Jalapeno salad

필수 재료 무(150g), 할라피뇨피클(1개)
양념 설탕(1)+소금(0.3)+식초(2)

01 무는 7cm 길이, 4mm 굵기로 채 썰고,
Tip 길이로 토막을 친 뒤 길이 방향으로 채 썰면 채의 길이가 일정해지고, 섬유질이 살아있어 씹는 질감도 아삭거려요.

색을 내고 싶은 경우 고운 고춧가루를 약간 섞어도 좋아요.

02 무에 **양념**을 넣고 고루 버무려 10분간 두고,

03 할라피뇨피클은 세로로 갈라 씨를 빼고 얇게 썰고,

04 먹기 직전 다시 한 번 양념을 고루 버무려 물을 가볍게 빼고 담아 마무리.

간단하지만 깊은 맛이 나는 소고기 육회 샐러드입니다. 입맛을 돋우는 에피타이저로 먹어도 좋고, 소주 한 잔에 먹어도 맛있는 육회 샐러드! 노른자를 곁들여 먹으면 입에서 살살 녹아요.

쇠고기육회샐러드

B e e f   t a r t a r e   s a l a d

필수 재료 쇠고기(우둔살 200g), 배(½개), 청오이(¼개), 마늘(3쪽), 잣(0.3)
양념 설탕(0.5)+소금(0.3)+다진 파(1)+다진 마늘(0.5)+참기름(1)+참깨(0.3)+후춧가루(약간)

01 ___ 쇠고기는 결 반대로 채 썰어 **양념**에 가볍게 버무리고,

02 ___ 배는 약간 굵게 채 썰고,

03 ___ 오이는 배와 비슷한 굵기로 채 썰고,

04 ___ 마늘은 납작하게 썰고,

05 ___ 배와 오이, 마늘을 담고 육회와 잣을 올려 마무리.

가지와 두반장의 만남은 어떤 요리도 비할 데 없는 조합이죠. 매콤하고 새콤한 두반장 양념에 적셔진 가지와 밥을 함께 먹으면 한 그릇 뚝딱이에요.

중화풍 가지 샐러드

C h i n e s e   e g g p l a n t   s a l a d

필수 재료 가지(2개), 붉은 고추(1개), 마늘(2쪽), 생강(1쪽), 고수(약간)
두반장고추기름소스 설탕(3)+식초(4.5)+두반장(1)+고추기름(1.5)

01___ 가지는 양쪽 끝을 정리하고 6cm 길이로 자른 뒤 세로로 4등분하고,

02___ 팬을 뜨겁게 달궈 앞뒤로 노릇하게 굽고,
Tip 200℃ 오븐에서 15분 구워 꺼내 식혀 사용해도 좋아요.

03___ 붉은 고추, 마늘, 생강을 채 썰어 가지와 가지런히 그릇에 담고 **두반장고추기름소스**를 끼얹고 고수를 올려 마무리.

> **TIP**
>
> 가지는 동서양을 막론하고 즐겨 먹는 채소에요. 수분이 많은 재료이므로 샐러드로 사용하기 전에 수분을 없애기 위해 오븐이나 마른 팬에 구워서 사용하는 것이 일반적이죠. 손님 대접용 요리에 좋은 또 다른 가지 샐러드를 소개해드려요.
>
> ## 리코타치즈 가지 롤 샐러드
>
> **필수 재료** 가지(2개), 리코타치즈(1컵), 토마토($\frac{1}{4}$개)
> **바질드레싱** 다진 양파(2)+곱게 채 썬 바질(4장)+설탕(0.8)+소금(0.2)+식초(1.5)+올리브유(3)+후춧가루(약간)
>
> 1. 가지는 모양을 살려 1cm 두께로 길게 등분하고,
> 2. 마른 팬에 앞뒤로 노릇하게 가지를 굽고,
> 3. 가지 둥근 부분 쪽 끝에 리코타치즈를 적당량 놓고 돌돌 말아 감고,
> 4. 토마토는 잘게 사각 썰어 **바질드레싱** 재료와 섞고,
> 5. 가지 위에 토마토와 드레싱을 보기좋게 올리고 초록색 허브로 장식해 마무리.

갑자기 고기가 생각날 때, 집에 남아 있는 채소만 준비하세요. 뚝딱 만들어 간단하게
고기 밥상을 즐길 수 있답니다. 밥 한 공기 곁들이면 부러울 게 없는 식사가 완성돼요.

삼겹살구이샐러드

Roasted Samgyeopsal salad

필수 재료 상추(100g), 쑥갓(50g), 붉은 고추(½개), 양파(¼개), 삼겹살(200g)
양념장 설탕(1)+고춧가루(1.5)+멸치액젓(1.5)+간장(1.5)+다진 마늘(1)+참기름(1)+참깨(0.3)

01 상추는 깨끗이 씻어 물기를 뺀 뒤 5cm 길이로 자르고,

02 쑥갓도 두꺼운 줄기는 잘라내고 4cm 길이로 자르고,

03 붉은 고추는 3cm 길이로 채 썰고, 양파는 4mm 두께로 채 썰고,

04 도톰한 삼겹살을 앞뒤로 칼집을 넣어 중간 불로 달군 팬에 노릇하게 굽고,

05 그릇에 고기와 채소를 담고 **양념장**을 곁들여 마무리.

배추로는 김치만 담고, 국만 끓이셨다고요? 아삭아삭한 배추는 샐러드로도 너무 좋은 필수 재료예요. 송송 잘게 썰어 아작아작 영양부추와 고소한 참깨드레싱을 곁들이면 그 자체로 멋진 샐러드가 탄생하죠.

배추샐러드

Chinese cabbage salad

필수 재료 배추속대(3장), 영양부추(30g)
참깨 드레싱 설탕(0.5)+참깨가루(1.5)+소금(0.1)+식초(1)+간장(1)+마요네즈(1.5)+땅콩버터(0.5)

01 ___ 배추는 가로로 1cm 폭으로 썰고,

02 ___ 영양부추는 4cm 길이로 자르고,

03 ___ **참깨 드레싱**을 고루 버무려 마무리.

TIP

그 재료 그대로 **배추부추전**

필수 재료 배추속대(3장), 영양부추(30g), 붉은 고추(1개), 부침가루(1컵)

1. 배추는 얇게 채 썰고, 부추도 1cm 길이로 짧게 썰고.
2. 붉은 고추는 반으로 갈라 씨를 빼낸 뒤 얇게 눈썹 모양으로 채 썰고.
3. 부침가루는 물을 조금씩 넣어가며 마요네즈보다 약간 묽게 반죽하고.
4. 배추, 영양부추, 붉은 고추를 넣고 고루 섞어 반죽하고.
5. 팬을 중간 불로 달궈 식용유를 넉넉히 두르고 한번에 먹기 좋은 크기로 반죽을 올려 앞뒤로 바삭하고 노릇하게 부쳐 마무리.

맛있게 먹던 명란젓을 좀 더 특별하게 먹고 싶을 때,
삶은 감자와 섞어 샐러드를 만들어보세요. 식사로도 좋고 반찬으로도 그만이랍니다.

명란감자샐러드

Salted pollack roe potato salad

필수 재료 감자(2개), 명란젓(2개), 푸른색 잎(약간)
마요네즈 드레싱 마요네즈(3)+후추(약간)

01___ 감자는 삶아 뜨거울 때 으깨고,

02___ 명란젓은 길게 칼집을 넣어 속만 긁어내고,

03___ 으깬 감자에 명란, **마요네즈 드레싱**을 넣어 고루 섞고,

04___ 그릇에 담고 푸른색 잎으로 장식해서 마무리.

PART
05

과일
샐러드

살짝 데쳐 껍질을 벗기고 가볍게 버무려 두면 어떤 요리와도 잘 어울리는 초간단 샐러드가 완성!
피클 대신 사용하면 더욱 고급스러워요. 식후에 간단한 디저트로 먹어도 아주 좋아요.

방울토마토샐러드

C h e r r y　　t o m a t o　　s a l a d

필수 재료 방울토마토(15개), 양파(½개), 쪽파(1대)
오일 드레싱 설탕(1)+소금(0.2)+식초(3)+올리브유(3)

01___끓는 물(5컵)에 소금(0.3)을 넣고 방울토마토를 데쳐 꺼내 껍질을 벗기고,

02___양파는 잘게 사각 썰고, 쪽파는 송송 썰고,

03___설탕과 소금에 식초를 넣고 충분히 녹인 뒤 올리브유를 조금씩 저어가며 섞어 오일 드레싱을 만들고,

04___방울토마토와 양파, 쪽파에 **오일드레싱**을 넣고 고루 섞어 마무리.

샐러드 한 그릇으로 느끼는 멕시코의 소울! 향긋한 고수와 매콤한 할라피뇨 그리고 상큼한 라임까지! 한여름 무더위에 지쳐 입맛 없을 때 새콤달콤하게 즐겨보세요.

파인애플오이샐러드

Pineapple cucumber salad

필수 재료 파인애플(¼개), 청오이(½개), 적양파(¼개), 고수(½컵), 라임(½개)
할라피뇨 드레싱 설탕(0.6)+레몬즙(2)+라임즙(1)+올리브유(2)+할라피뇨고추(1.5)+소금 약간

01 할라피뇨고추는 잘게 다져 드레싱 재료와 섞고,

02 파인애플과 오이는 1.5cm 크기로 깍둑 썰고,

03 적양파는 1cm 크기로 깍둑 썰고, 고수는 잘게 다지고,

04 라임은 반달 모양으로 자르고,

05 준비한 재료를 **할라피뇨 드레싱**으로 버무린 뒤 고수잎, 라임을 곁들여 냉장실에 30분간 차게 두어 마무리.

마치 햇살처럼 화사한 색이라서 붙여진 이름이에요. 요리명처럼 맛도 밝고 상큼해요.
과일 자체의 맛이 포인트에요. 상큼한 레몬꿀 드레싱을 뿌려 드셔보세요.

선샤인샐러드

S u n s h i n e   s a l a d

필수 재료 바나나(2개), 통조림 귤(1컵), 파인애플(3쪽)
레몬꿀 드레싱 레몬즙(1)+꿀(0.5)

01 ___ 바나나는 모양대로 동글 썰고,

02 ___ 귤은 체에 밭쳐 물기를 빼고,

03 ___ 파인애플도 한입 크기로 자르고,

04 ___ 레몬꿀 드레싱에 가볍게 버무려 푸짐하게 담아 마무리.

아삭한 배를 작은 접시처럼 사용하는 샐러드예요.
여러 명의 식사를 준비할 때 사용하면 좋을 샐러드죠.
배의 갈변을 막기 위해 마지막에 손질하거나 레몬즙을 뿌려두는 것 잊지 마세요.

배망고샐러드

Pear mango salad

필수 재료 배(1개), 망고(1개), 방울토마토(5개), 애플민트(약간)
허니레몬 드레싱 소금(약간)+레몬즙(1.5)+올리브유(2)+꿀(0.3)

01 ___ 배는 5mm 두께로 썰어 일정한 크기로 둥글게 자르고,
Tip 동그란 틀로 찍어도 좋아요

02 ___ 망고를 작은 주사위 모양으로 자르고,

03 ___ 방울토마토는 4등분하고,

04 ___ 배 위에 망고와 방울토마토를 소복하게 중앙에 얹은 뒤 **허니레몬 드레싱**을 끼얹고 애플민트 잎으로 장식해 마무리.

아보카도 껍질은 그릇으로도 훌륭해요. 오목한 껍질을 그릇 삼아 알록달록 샐러드를 채워보세요.
살짝 덜 숙성된 망고와 새우로 동남아 풍미를 입안 가득 담아보세요.

아보카도망고보트샐러드

A v o c a d o   m a n g o   b o a t   s a l a d

필수 재료 아보카도(1개), 망고(1개), 칵테일새우(10마리), 고수잎(약간)
라임마요 드레싱 라임즙(1)+마요네즈(3)+후추(약간)

01 ___ 아보카도는 반으로 갈라 과육만 분리한 뒤 깍둑으로 썰고, 망고는 껍질을 벗겨 깍둑으로 썰고,

02 ___ 라임마요 드레싱을 만들고,

03 ___ 칵테일새우는 끓는 물에 1분간 담갔다 뺀 뒤 찬물에 헹궈 건지고,

04 ___ 아보카도, 망고, 새우에 라임마요 드레싱을 넣어 고루 섞은 뒤 아보카도 껍질 안에 담고 고수잎을 올려 마무리.

빨간 딸기와 진한 시금치의 색감은 그야말로 강렬하죠. 별다른 재료 없이 집에 있는 치즈와
견과류만 곁들이면 간단한 드레싱만으로도 풍성한 느낌이 살아나요.
간식으로도 좋고 식전 음식으로도 훌륭해요.

스트로베리스피니치샐러드

Strawberry spinach salad

필수 재료 어린 시금치(3줌), 딸기(10개), 호두($\frac{1}{4}$컵), 페타치즈($\frac{1}{4}$컵)
발사믹 드레싱 설탕(0.3)+발사믹 식초(2)+올리브유(1.5)+후추(약간)

01___ 어린 시금치는 살짝 뜨거운 물에 데쳐 찬물에 씻고,

02___ 딸기는 보기 좋게 가르고,

03___ 호두는 팬에 바삭하게 볶아 식혀두고,

04___ 그릇에 시금치를 담고 딸기와 호두를 올리고 페타치즈를 얹은 뒤 **발사믹 드레싱**을 곁들여 마무리.

사과와 호두의 조합, 대표적인 클래식 샐러드 중의 하나인 월도프샐러드를
사과의 예쁜 색감을 살려 약간 다른 방식으로 만들어봤어요.
빨갛고 예쁜 사과만 있다면 손쉽게 만들 수 있는 샐러드랍니다.

월도프샐러드

W a l d o r f   s a l a d

필수 재료 빨간 사과(1개), 어린잎채소(2줌), 호두(¼컵), 리코타치즈(2)
허니발사믹 드레싱 발사믹 식초(¼컵)+올리브유(⅓컵)+꿀(3)

01 ___ 사과는 깨끗이 씻어 껍질째 얇게 슬라이스하고,

02 ___ 어린잎채소를 그릇에 담고 사과를 비스듬히 살짝 겹쳐 모양대로 담고,

03 ___ 호두를 잘게 잘라 고루 뿌리고,

04 ___ 리코타치즈를 군데군데 얹고 먹기 직전 **허니발사믹 드레싱**을 곁들여 마무리.

간단한 간식으로 더없이 요긴한 바나나에 조금만 시간을 내서 드레싱을 만들고
셀러리와 땅콩만 더해 버무려 보세요. 바나나의 품격이 달라질 거예요.

피넛바나나샐러드

P e a n u t   b a n a n a   s a l a d

필수 재료 땅콩(⅓컵), 바나나(1개), 셀러리(1대)
카레마요 드레싱 카레가루(0.2)+설탕(0.5)+잣가루(0.5)+맛술(2)+레몬즙(0.5)+마요네즈(3)

01___ 팬을 달궈 껍질 벗긴 땅콩을 노릇하게 볶고,

02___ 바나나는 덜 익은 것으로 구입해 2cm 폭으로 등분하고,

03___ 셀러리는 겉의 섬유질을 벗기고 1cm 간격으로 자르고,

04___ 바나나와 셀러리, 땅콩을 **카레마요 드레싱**으로 버무려 마무리.

어릴 때 먹던 과일샐러드 생각나세요? 이것저것 집에 있는 과일들을 썰어놓고 드레싱에 버무려 주세요. 견과류나 말린 과일을 넣어도 좋아요. 추억의 맛이 완성되었어요.

모둠과일샐러드

F r u i t   s a l a d

필수 재료 사과(½개), 키위(1개), 딸기(4개), 바나나(½개)
밀크마요 드레싱 마요네즈(3)+가당연유(1.5)+플레인요거트(3)

01 사과는 깨끗이 씻어 껍질째 작게 자르고,

02 키위, 바나나는 먹기 좋게 자르고,

03 딸기는 2~4등분하고,

04 손질한 재료를 그릇에 담고 **밀크마요 드레싱**을 곁들여 마무리.

색이 다른 오렌지와 자몽을 속만 떠서 만든 샐러드예요. 톡톡 터지는 상큼한 맛에
다른 어떤 음식과도 잘 어울리고 입맛을 살려주죠.
화사한 색감으로 분위기까지 화사하게 만들어줄 거예요.

시트러스페타치즈샐러드

Citrus feta salad

필수 재료 오렌지(1개), 자몽(1개), 적색 양파(¼개), 페타치즈(30g), 블랙올리브(5개)
오일 드레싱 설탕(1)+식초(1.5)+다진 양파(2)+올리브유(3)+소금(0.2)

01 ___ 오렌지와 자몽은 속껍질까지 벗겨 얇게 슬라이스 하고,

02 ___ 적양파는 채 썰어 찬물에 담갔다 바로 건지고,

03 ___ 페타치즈는 적당히 손으로 등분하고,

04 ___ 모든 재료에 **오일 드레싱**을 가볍게 버무려 마무리.

과일이 생각보다 맛이 없나요? 걱정하지 마세요. 허니레몬 드레싱이 해결해 줄 테니까요.
예쁘게 모양만 썰어 담아주면 끝이랍니다. 수박과 배로 시원한 샐러드를 만들어보세요!

수박배샐러드

Watermelon pear salad

필수 재료 수박(⅛개), 배(1개), 애플민트(약간)
허니레몬 드레싱 레몬즙(1.5)+올리브유(1.5)+꿀(1)

01___ 수박은 껍질을 벗기고 한입 크기로 깍둑썰고,

02___ 배도 껍질을 벗겨 수박과 같은 크기로 썰고,

03___ 색을 엇갈려가며 격자무늬처럼 그릇에 담고 **허니레몬 드레싱**을 뿌리고 애플민트 잎을 얹어 마무리.

TIP

맛없는 수박도 남김없이, 수박배주스

재료 수박(2컵 분량), 배(¼쪽), 라임(1개), 메이플 시럽이나 꿀(2)

1. 라임은 8등분하여 2개는 컵에 끼워줄 용으로 따로 두고, 나머지는 즙을 짜고,
2. 배와 수박은 적당히 등분해 블랜더에 곱게 갈고,
3. 체에 걸러 맑은 주스만 받아 메이플 시럽, 라임을 섞고,
4. 컵에 주스를 담고 라임을 컵 가장자리에 끼우고 얼음을 두어 개씩 넣어 마무리.

그린 파파야로 만드는 태국 샐러드 솜땀의 망고 버전이에요.
태국에서도 솜땀만큼 인기 있는 샐러드죠. 아삭아삭 씹히는 단단한 망고에 고수 향을 입히고
피시소스와 라임주스로 맛을 더해 상큼하고 이국적인 샐러드예요.

동남아풍망고샐러드

South-east asian mango salad

필수 재료 단단한 애플망고(1개), 붉은 파프리카(¼개), 양파(¼개), 고수(약간), 볶은 땅콩(2)
피시소스 드레싱 설탕(1)+라임주스(2)+피시소스(1.5)+다진 마늘(0.2)

01 ___ 망고는 껍질을 벗겨 채 썰고,

02 ___ 파프리카와 양파도 채 썰고,

03 ___ 고수는 굵게 다지고, 땅콩은 잘게 부수고,

04 ___ 모든 재료를 먹기 직전 **피시소스 드레싱**에 버무려 마무리.

Index

ㄱ

감바스알아히요샐러드 · 94
골뱅이실곤약샐러드 · 42
구아카몰 · 29
구운가지샐러드 · 98
구운단호박샐러드 · 62
구운당근렌틸콩샐러드 · 40
구운아보카도샐러드 · 74
구운알감자샐러드 · 66
구운주키니호박샐러드 · 60
구운콜리플라워샐러드 · 90

ㄴ

낫또샐러드 · 180
냉우동샐러드 · 22

ㄷ

단호박시금치샐러드 · 130
닭고기셀러리샐러드 · 82
더덕샐러드 · 166
돌미나리무침 · 156
동남아풍망고샐러드 · 218
두부파채샐러드 · 178

ㄸ

떡국떡샐러드 · 30

ㅁ

매운닭고기스테이크샐러드 · 72
매콤무생채 · 152
멕시칸스트리트콘샐러드 · 138
명란감자샐러드 · 192
모둠과일샐러드 · 212
모둠버섯샐러드 · 144
모둠오븐구이샐러드 · 88
목살데리야키샐러드 · 80

ㅂ

방울토마토겉절이 · 176
방울토마토샐러드 · 196
배망고샐러드 · 202
배추부추겉절이 · 162
배추샐러드 · 190
뱅어포땅콩샐러드 · 172
베이비루꼴라토마토샐러드 · 136
베이컨에그샐러드 · 116

병아리콩퀴노아샐러드 · 56
불고기샐러드 · 54
브로콜리치즈샐러드 · 124
비트모차렐라샐러드 · 16

ㅅ

삼겹살구이샐러드 · 188
삼겹살샤브샤브샐러드 · 78
새우아스파라거스샐러드 · 100
새우월남쌈샐러드 · 46
새우푸실리샐러드 · 52
선샤인샐러드 · 200
쇠고기스테이크샐러드 · 76
쇠고기육회샐러드 · 184
수박배샐러드 · 216
순두부샐러드 · 24
스트로베리스피니치샐러드 · 206
시저샐러드 · 114
시트러스페타치즈샐러드 · 214

ㅇ

아보카도닭고기샐러드 · 68

아보카도망고보트샐러드 · 204
아보카도새우컵샐러드 · 122
아보카도오이샐러드 · 112
아보카도카프레제샐러드 · 18
아스파라거스토마토샐러드 · 134
아이스버그웨지샐러드 · 142
알감자시금치샐러드 · 118
애호박샐러드 · 164
연근샐러드 · 170
연어스테이크샐러드 · 84
연어회무침샐러드 · 20
영양부추사과샐러드 · 154
오렌지치킨샐러드 · 92
오이게살샐러드 · 106
오이부추겉절이 · 160
오이양파샐러드 · 174
올리브샐러드 · 110
우엉샐러드 · 168
월도프샐러드 · 208

ㅈ

중화풍가지샐러드 · 186

ㅉ

찜채소샐러드 · 64

ㅊ

차돌박이구이샐러드 · 70
참나물양파샐러드 · 158
참치타다키샐러드 · 86
참치회샐러드 · 146

ㅋ

캔참치오이샐러드 · 128
케일샐러드 · 140
코울슬로샐러드 · 108
콘샐러드 · 132
콥샐러드 · 34
콩나물당면샐러드 · 44
크리스마스리스샐러드 · 102

ㅌ

타이풍새우쌀국수샐러드 · 48
타코샐러드 · 26
토마토살사 · 28
튀긴두부분짜샐러드 · 36

ㅍ

파스타샐러드 · 32
파인애플오이샐러드 · 198
판자넬라샐러드 · 50
프라이드포테이토샐러드 · 38
피넛바나나샐러드 · 210

ㅎ

할라피뇨무생채 · 182
햄마카로니샐러드 · 120
훈제연어샐러드 · 96
흰강낭콩베이컨샐러드 · 126

123

4색무샐러드 · 148